CHOCOLAT CHAUD

**LA COLLECTION « A CONTRARIO »
EST DIRIGÉE PAR GIUSEPPE MERRONE**

DU MÊME AUTEUR, AUX ÉDITIONS ANTIPODES
Bras cassés [roman], collection « Trait noir », 2005.
Poèmes et récits de plaine, collection « a contrario », 2008.
Échappement libre, à paraître.

MISE EN PAGE
Claudine Daulte, www.mise-en-page.ch

CORRECTION
Évelyne Brun, br.eve@bluewin.ch

PHOTOGRAPHIE DE COUVERTURE
Nicolas Letellier, http://videome.fr/romans_1.htm
letelliern@yahoo.fr

© 2009, Éditions Antipodes
Case postale 100, 1000 Lausanne 7, Suisse
www.antipodes.ch
editions@antipodes.ch
ISBN 978-2-88901-032-5

Jean Chauma

CHOCOLAT CHAUD

NOUVELLES

Éditions Antipodes

CHOCOLAT CHAUD

Assise devant une énorme tasse blanche de chocolat chaud
et crémeux, Geneviève regarde la pluie d'octobre tomber
en lourd rideau épais. Cela la glace jusqu'au fond du
ventre. Ses deux mains jointes entre ses cuisses elle frissonne.
Elle ne cherche pas à voir ce qu'il y a derrière l'eau. Elle ne le
sait que trop. La campagne boueuse, le hameau désert et, au
bout du sentier, la maison de ses parents et de ses dix frères et
sœurs. Dehors il y a l'ennui, la tristesse recouverte de pluie. Et
elle, à dix-huit ans, s'est déjà résignée à ce dehors. Elle a bien
tenté la fuite par la came mais le voyage s'est terminé à la prison
du bourg, aussi froide, humide et désolée que tout le reste.

Geneviève passe sa main dans ses cheveux tondus. Toute la
famille a eu des poux.
– Ils repousseront, lui dit gentiment Mado de derrière le
comptoir.

L'auberge de Mado, c'est le seul havre de chaleur dans la vie
de Geneviève. Elle y passe son temps, retardant toujours le
moment de rentrer dans sa famille.

À l'autre bout du bar, des jeunes qui jouent au billard
l'appellent :
Viens Geneviève, on s'en va.
C'est la bande. Dans de vieilles bagnoles, bonnes pour la
casse, ils passent de bistrot en bistrot, s'arrêtant de temps en

temps dans la nature pour fumer des joints. Sans l'auberge et sans la bande, Geneviève se serait ouvert les veines depuis longtemps.

Elle se lève pour prendre un minuscule blouson de cuir noir râpé à une patère.

Dans l'autre pièce, celle de la salle à manger, elle remarque un jeune homme qui lit devant le foyer de la cheminée. Il lit avec beaucoup d'attention un livre à la couverture en carton noir et jaune. Avec application le jeune homme suit les mots avec son doigt, il fronce les sourcils comme s'il devait déchiffrer ce qu'il lit. Geneviève le trouve très beau, d'une jeunesse sans soucis. Tout en lui respire le calme, la tranquillité, l'évidence. Elle sourit. Elle aimerait s'asseoir à ses côtés et rester là, dans la vie du jeune homme. Celui-ci tourne la tête doucement, lève les yeux vers elle, tout en gardant le doigt sur une page du livre, lui fait un merveilleux sourire plein de joie et de tendresse.

Geneviève croit entendre «salut petite sœur». Elle rougit. La bande l'appelle.

***

La bande est venue dans ce bistrot sordide où le patron ne les aime pas, parce que c'est le seul où il y a un baby-foot. Les garçons jouent, les filles se partagent une Marlboro, la dernière.

Depuis un moment Geneviève fixe un homme attablé près de la fenêtre. L'homme porte une casquette et un loden vert, comme en portent les citadins qui viennent chasser dans la région. Une barbe épaisse recouvre une partie de son visage, le col de son manteau est relevé.

Elle ne sait pourquoi mais il lui rappelle quelqu'un, elle cherche depuis tout à l'heure, sans trouver. L'homme lit un livre. Une ou deux fois déjà il a soulevé le rideau brodé blanc poussiéreux pour regarder dehors. Puis il revient au livre, un livre à la couverture souple, glacée, toute noire. Du doigt l'homme semble suivre les mots qu'il lit. Malgré la casquette et la barbe, elle le devine concentré sur la lecture. Sans réfléchir Geneviève s'avance vers la table.

— Pourriez-vous me dire l'heure qu'il est?

L'homme lève les yeux vers elle, du regard lui montre la pendule au-dessus du comptoir et lui fait un magnifique sourire.

La forme blanche d'une voiture stoppe de l'autre côté de la rue. L'homme soulève le rideau. Écornant son livre pour marquer la page, il le range dans une poche de son manteau et, sans regarder Geneviève, il se lève. Elle fait quelques pas en arrière pour le laisser passer. Sans dire au revoir il sort dans la pluie.

Geneviève soulève le coin du rideau, la voiture n'a pas bougé, le moteur tourne. Le barbu traverse la rue et pousse la porte de la banque en face. Elle reste comme ça, le coin du rideau entre les doigts, en déséquilibre au-dessus du guéridon où l'homme à l'instant était attablé. Elle attend. Sans bouger. Sans respirer. L'homme au loden sort de la banque, monte dans la voiture blanche qui démarre. La sirène d'alarme fait sursauter Geneviève. Elle renverse la tasse qui traîne sur la petite table.

***

Geneviève sort de la voiture en courant. Il pleut des trombes d'eau. Elle s'engouffre dans la chaleur odorante de l'auberge de Mado. La femme se penche par-dessus le comptoir et embrasse la jeune fille.

— Je t'ai déjà servi ton chocolat.

Elle désigne du menton la salle à manger où flambe un magnifique feu. Le jeune homme y est attablé. Il lit en s'aidant du doigt un livre tout noir. Devant lui, sur la table, il y a deux tasses blanches remplies de chocolat.

Geneviève s'avance et s'assoit devant une des tasses. Le jeune homme la regarde, lui sourit tendrement et lui dit :
– Tu connais les romans de série noire ?
Elle fait non de la tête.
– J'ai bientôt fini celui-ci, tu pourras le lire.

BRACO

O ctobre, les arbres de l'avenue Mac-Mahon ont pris leurs couleurs d'automne, les feuilles mortes au sol forment un tapis moelleux et glissant, les réverbères donnent une couleur jaunâtre et triste.

Au premier étage d'un immeuble bourgeois, au bas de la rue Troyon, derrière les lourds rideaux, Serge Balleur, dit « Sergio », dort.

Tic-tac d'un réveil.

Sa respiration est profonde.

Le réveil sonne.

Sergio grogne, grommelle, soupire.

La sonnerie s'éteint d'elle-même.

Il soupire encore.

Et merde, c'est l'heure.

C'est sa première pensée, la toute première.

J'ai vraiment pas envie d'y aller.

J'ai pas envie… Je le sens… C'est pas une bonne journée…

Il bouge un peu comme pour se réinstaller dans le sommeil.

Et puis merde, je suis fatigué, tellement fatigué.

Il cherche le sommeil immédiat, faire comme s'il ne s'était pas réveillé.

J'vais téléphoner à Marco, lui dire qu'on remet. J'trouverai une coupure, une salade.

Un temps passe, le sommeil ne veut pas revenir.

C'est pas possible, il faut que j'y aille, on a plus une thune, c'est bientôt Noël et la Môme a vu une fourrure qui lui plaisait.

Temps intermédiaire où tout se joue, ces moments où on est presque libre de choisir entre ceci et cela.

Allez! Courage Serge! En avant! C'est parti!

Une voix endormie, douce de jeune femme chuchote à son oreille :

— Qu'est-ce que tu fais ? Où tu vas ? Quelle heure il est ?

— Dors Môme, il est tôt, dors, je t'aime.

Serge s'est levé, il se prépare.

Une émission de la nuit de France Culture.

Douche, brossage de dents, rasage électrique.

L'Italienne crachote son café qui passe.

Grouille-toi mec, sinon Marco va t'attendre.

«… puisqu'il n'y a rien d'où ne suive quelque effet, nous dit Spinoza… »

Sergio coupe la voix profonde qui fait son cours à la radio.

Il ouvre un tiroir du vieux bureau Empire, en sort un pistolet automatique qu'il arme.

Allez! Hop! C'est parti!

De la chambre la Môme demande :

— Tu rentres à quelle heure ?

— Pas trop tard, je ramènerai peut-être Marco. Dors maintenant, à plus, je t'aime.

La voix de la Môme se rendort :

— Moi aussi je t'aime, fais attention.

Il sort de chez lui, ferme la porte de son appartement le plus doucement qu'il peut, dévale rapidement l'escalier, le bouton électrique ouvre la porte cochère de l'immeuble. La pluie lui saute dessus, la lourde porte se referme, une voiture passe dans la rue de pavés mouillés.

Et remerde, y pleut comme vache qui pisse.

Il marche d'un pas précipité, ouvre la porte d'une voiture, les gouttes de pluie tambourinent sur le toit.

Quoique, c'est mieux comme ça, quand il pleut les caves sont pressés de se mettre à l'abri.

Il lance le moteur, pousse à fond les essuie-glaces, il allume la radio, une station avec de la musique rock, une autre avec quelqu'un qui parle, une autre avec de la musique classique, il desserre le frein à main, met son clignotant.

Allez! En avant pour de nouvelles aventures!

FIN DU PREMIER TEMPS

Sergio a laissé tourner le moteur, il stationne en épis devant la gare de Courbevoie, les essuie-glaces vont et viennent au ralenti, la pluie sur le toit couvre en partie les notes de musique, il soupire, tousse, se racle la gorge.

Je t'aime, je t'aime, qu'est-ce qui me prend à lui parler comme ça à cette gonzesse? Je ne peux pas finir une phrase ou même la commencer sans lui dire je t'aime. Je deviens abruti ou quoi! Et elle, faisant même pas l'effort de se réveiller, c'est sûr qu'elle m'aime. Hier soir, alors qu'on rentrait une nouvelle fois bourrés, elle me glisse: «Si vous travaillez demain avec Marco, tu m'achèteras la fourrure qu'on a vue ensemble?» Et moi: «Oui chérie, bien sûr.» Et elle, envoyant sa main dans mon pantalon: «Oh mon chéri comme je t'aime.»

Elle me prend pour un cave et moi je me conduis comme un cave, pire comme un con. Parce que j'te le dis tout de suite mon pauvre Serge, les caves, suffit pas que leurs bourgeoises leur manipulent le chichi pour qu'ils raquent des fourrures à ces dames.

La pluie se calme un peu laissant la musique reprendre le dessus.

On s'est bien trouvés tous les deux, elle qui ne peut pas aller se coucher avant d'avoir remué son cul toute la nuit sur les pistes de danse, moi qui l'accompagne aux comptoirs à vider les bouteilles de rouille.

La pluie vexée redonne de la voix.

Bravo Serge, plus t'avances et mieux ça va!

Il sursaute, la portière droite s'ouvre, la pluie s'engouffre dans la chaleur du véhicule en même temps que Marco.

– Salut mon pote, tu vas? Tu ne m'attends pas depuis trop longtemps?

— Salut Marco. Tout va bien? On y va?
— Leste go bonhomme! Les… te… go.

FIN DU DEUXIÈME TEMPS

Au rythme de la musique, Sergio roule sur une voie à grande circulation, il roule vite mais pas trop. Il pleut toujours, Marco allume une cigarette avec son Dupont en or.

— Putain, Marco, ouvre un peu ta fenêtre! T'es en train de m'enfumer, tu m'allumes les cigarettes les unes derrière les autres, ils devraient vous interdire la cigarette… Le premier qui fume, tac en prison, pas de pitié… Et en taule on vous enferme à six dans des cellottes et on vous distribue les cigarettes gratos! Bande de toxicos!

— T'as raison, comme ça, au lieu de se mouiller sur les bracos, on trafiquerait peinard les cigarettes comme les Ritals.

— C'est ça mon pote, tu crois que ça se fait comme ça les clopes? J'te l'dis c'est un boulot où il faut se lever-le-cul.

La musique s'arrête.

«Bonjour, vous venez d'entendre la suite numéro 5 en do mineur de Jean-Sébastien Bach. Il est bientôt huit heures. L'heure de notre bulletin d'informations…»

Sergio coupe la radio, les deux compères restent silencieux, le moteur de la grosse berline allemande tourne comme une horloge, la route est droite, la pluie s'en donne à cœur joie. C'est Marco qui rompt le silence:

— On est encore loin?
— Encore deux plombes.
— On peut pas s'arrêter un peu pour boire un jus? On est pas en retard.
— On peut. On peut.

FIN DU TROISIÈME TEMPS

Les deux complices entrent dans un bistrot enfumé, des paysans au comptoir, un jeune joue au flipper, la machine à café pousse un cri de vapeur. Ils s'installent autour d'un minuscule guéridon, une femme de quarante, cinquante ans s'est approchée d'eux collant ses cuisses contre le rebord de la petite table.

– Et pour ces messieurs?

Marco lui répond tout sourire:

– Deux jus ma toute belle.

S'adressant à Serge:

– Tu as vu le cul qu'elle a cette belle pouliche!?

– T'es vraiment un affamé, tu bondis sur tout ce qui bouge.

– T'en as d'bonnes toi. J'ai pas une jolie frangine qui s'inquiète pour ma pomme à la maison moi. Comment elle va la Môme?

– Elle va. Elle va. Des fois elle me cague un peu et je suis toujours à deux doigts de la virer.

– Tu parles, tu bandes trop pour elle. Et puis c'est une brave môme, elle est jeune, elle va se faire.

– Et ton ex? et tes gosses? Tu les vois de temps en temps?

– J'ai toujours pas récupéré mes droits paternels, le baveux s'en occupe depuis ma sortie de cabane. Mon fils, le grand, vient me voir en cachette et me raconte ce qui se passe. Mon ex et son chauffeur de taxi. Il paraît qu'ils s'engueulent tous les jours. Quand elle était avec moi on s'engueulait jamais, et jamais elle aurait osé élever la voix devant moi.

– C'est sûr Marco, à chaque fois qu'elle faisait mine de la ramener tu lui claquais le baigneur.

– C'est vrai que toi t'es un tendre.

– Sûr, moi aux femmes je leur parle avec des fleurs, je suis un gentleman.

– C'est ça mon pote, c'est pour ça que dans le mitan on te surnomme Sergio le Dingue.

– Des mauvaises langues, et puis c'était quand j'étais jeunc… Allez on y va!

La serveuse se déhanche derrière le comptoir.

– Au revoir messieurs.

Marco lui fait un clin d'œil.

– Salut ma toute belle.

FIN DU QUATRIÈME TEMPS

Ils reprennent la route, il pleut toujours, Sergio rallume la radio sur la station de musique classique. Se parlant à lui-même tout en conduisant.

Sergio le Dingue... Sergio le Dingue... Tu parles d'un surnom à la con. Dingues, on l'était c'est sûr, tous les mecs de la bande de cette époque. On s'levait à midi et deux heures plus tard on attaquait notre journée au pastis, vers les minuit on en était au JB et à quatre plombes du mat' on se finissait au champ'. Alors, dans la virée, quand un ou deux malhonnêtes manquaient de respect et qu'il fallait leur distribuer des coups de crosse ou qu'il fallait échanger des coups de feu, qui c'est qui répondait présent, le père Serge. Dingue je l'étais, par l'alcool et par la couche de connerie qui me servait de raison. Mais les dix ans de ballon que j'ai passés m'ont refroidi fissa. Et aujourd'hui, quand un malpoli me marche sur les pieds, c'est moi qui m'excuse.

– À quoi tu gamberges mon pote?

– J'étais en train de me dire que je me faisais vieux et que ça me plaisait bien finalement.

– Parle pour toi!

– On arrive. C'est ici.

– C'est un trou, y a personne, t'es sûr qu'il va y avoir de la thune?

Sergio ralentit presque à s'arrêter.

– Mate! C'est là.

Il reprend de la vitesse.

– C'est une cabine téléphonique ta queban, va pas y avoir un fifrelin.

– Commence pas Marco, je t'ai déjà expliqué: la foire, et juste deux banques dans le patelin, il devrait y avoir de l'argent, ne commence pas à nous porter la poisse.

Il rétrograde.

– On va aller becter dans la ville à côté et on se la tapera à quatorze heures, à l'ouverture. C'est une petite banque, deux clampins à l'intérieur, aucun système de sécurité, un coup pas trop dur. Ça va aller.

– Tu le sais bien amigo, ça n'existe pas les coups pas trop durs.

FIN DU CINQUIÈME TEMPS

Les deux hommes sont dans un restaurant.

Attablés.

Autour d'eux du monde.

C'est un restaurant style routier. En fond, bruits de flipper, de juke-box.

Une serveuse.

– Est-ce que ces messieurs ont choisi ce qu'ils voulaient manger ?

– Un menu à vingt francs avec un supplément de vin rouge.

– Et pour vous monsieur ?

– La même chose, c'est bien.

Les deux hommes restent un moment silencieux.

– Tu me branches pas sur son cul ou sur ses seins à celle-là ?

– Laisse tomber les gonzesses. Taper ça me coupe tout.

Ils mangent en silence.

– En tout cas, mon pote, ça ne te coupe pas l'appétit !

La serveuse apporte deux cafés.

Marco souffle sur la tasse.

– Et les condés ?

– Ici un commissariat, une gendarmerie. Dans le bled où on va taper une petite gendarmerie. Rien d'important.

– Les gendarmes c'est des teigneux. Quand j'étais môme et qu'ils nous chopaient, on avait dix, douze ans, ils nous foutaient des branlées avant de nous relâcher.

Marco laisse passer un temps.

— Quand ils nous relâchaient.

Sergio le regarde.

— Qu'est-ce que c'est que cette histoire de bagne d'enfants, dont ton baveux a parlé la dernière fois que tu es passé aux assiettes?

Marco regarde par la fenêtre la pluie qui ne veut cesser.

— Rien mon pote. Ils ont fini par le fermer.

Sergio pose la main sur l'épaule de son ami.

— Amigo, je crois qu'il faut y aller.

FIN DU SIXIÈME TEMPS

La voiture ralentit et s'arrête dans un chemin forestier, il pleut toujours.

Marco ouvre le coffre.

— Merde mes pompes, y a de la gadoue partout. T'aurais pu te mettre ailleurs.

— Tiens colle les numéros sur la plaque de devant. Essuie-la avant sinon ça colle mal.

— Tu as ton calibre?

— Ouais.

— Je mets le pompe sur le siège arrière.

Marco lève les yeux au ciel.

— Putain, qu'est-ce qu'il pleut!

— Tant mieux Marco, tant mieux.

Sergio arme le fusil, les deux hommes rentrent dans la voiture. Bruit de la pluie sur le toit, l'un des deux allume la radio.

Marco frissonne dans son imper mouillé.

— Allez amigo. Faut y aller sinon on va les rater.

FIN DU SEPTIÈME TEMPS

La voiture ralentit, s'arrête.

Il pleut.

Sergio regarde ses chaussures boueuses.

– J'ai les pieds gelés.

– Quelle heure il est?

– Treize heures cinquante.

Ils font silence, un piano s'affole sur la bande FM, les essuie-glaces couinent en passant doucement sur le pare-brise.

– Quatorze heures.

Le piano semble devenir comme fou, couinement des essuie-glaces.

– Qu'est-ce qui se passe? Où y sont? Ils devraient avoir ouvert…!

C'est Marco qui répond tranquillement:

– Y vont venir. Y vont venir.

Les deux bandits sont silencieux, le visage fermé à tout ce qui n'est pas le moment présent, le piano s'est calmé, la pluie qui redouble fait taire les essuie-glaces.

– Les v'la.

FIN DU HUITIÈME TEMPS

L'employée sourit aux clients qui poussent la porte de sa banque.

– Messieurs.

Sergio prend sa voix la plus menaçante mais sans hausser le ton:

– C'est un hold-up! On ne bouge pas! On ne crie pas! On ne bronche pas!

Le temps s'est figé.

– Toi au coffre! Ouvre-le!

L'employée regarde Sergio, son regard est comme amusé, elle parle d'une voix calme:

– Ce n'est pas possible, il y a une minuterie.

– Ne me raconte pas de salades, ouvre-moi ce coffre si tu ne veux pas que je devienne méchant!

— Monsieur, vous pouvez me faire ce que vous voulez, on ne peut pas ouvrir ce coffre avant l'heure.

— À quelle heure!?

— Quatorze heures trente.

— OK m'dame on attend. Prions ensemble pour que tout se passe bien.

Se parlant à lui-même.

C'est ça prions. Prions la Sainte Vierge. À mon premier jour de cabane, les decs m'avaient un peu passé à tabac pendant la garde à vue et m'avaient expliqué que j'allais rester perpette en prison. Ils avaient tellement l'air convaincus que je les ai crus sur parole. La première nuit dans le silence de cette immonde prison de Fresnes, couché caché sous les couvrantes, replié sur moi-même j'avais prié la Sainte Vierge Marie: «Marie, je vous en prie, faites que ça soit un cauchemar, s'il vous plaît, faites que demain je me réveille dans un endroit ami, dans une autre peau, dans une autre tête. Marie mère de Dieu, ayez pitié!»

Elle a dû m'écouter puisque je suis sorti de ce trou, malgré les prédictions des condés!

L'employée sort Sergio de ses pensées.

— S'il vous plaît, monsieur, est-ce que je peux m'asseoir?

— Oui bien sûr.

Le silence, le calme a envahi la banque, Sergio regarde la femme assise devant lui.

— Ça va? Vous inquiétez pas tout va bien se passer.

Tout va bien se passer. Qu'est-ce que j'en sais moi si tout va bien se passer. Moi aussi je m'assiérais bien, je me coucherais bien, j'irais bien voir ailleurs si j'y suis.

Elle est mignonne, au lieu de lui braquer un calibre sur la tête, je pourrais être son mari. On rentrerait du travail tous les deux vers la même heure. Elle irait faire les courses, je passerais à la crèche pour aller chercher notre rejeton et le soir, peinards, on se ferait l'amour et elle rougirait encore de mes manières.

— Monsieur.

— Oui?

– C'est l'heure, on peut ouvrir si vous voulez ?
– OK ma poule, en avant, passons la monnaie !

FIN DU NEUVIÈME TEMPS

La voiture roule à vive allure.
Il ne pleut plus.
Marco à l'humeur joyeuse.
– Dis donc, je sais pas si je saute sur tout ce qui bouge… Je croyais que t'allais lui proposer la botte à ta caissière. Mais assoyez-vous donc, voulez-vous que j'appelle un docteur ?
– J'te l'ai dit Marco, je suis un gentleman.
– Fils, je crois qu'on a pris le paquet.
– C'est bien, je crois qu'on est bon. Regarde le ciel s'éclaircit. Dans pas longtemps on est rentrés chez nous. Je me mets aux plumes et je demande à la Môme de me réchauffer les pieds.
On est bon. Tout va bien. On est bon. On rentre chez nous, tout s'est bien passé. Vierge Marie demain je fais brûler un cierge, même deux, et s'il y a un mendiant sur le parvis de l'église je lui donnerai cent sacs, peut-être deux cents sacs s'il a une bonne tête. La vie est belle. Tout va bien. On est bon.
Marco regarde la forêt qui borde la départementale.
– J'vais t'dire, mon pote, ce coup je le sentais bien et j'aime bien la cambrousse, l'air est sain.
– Ben voyons.
– Tiens, si je ne me retenais pas, je t'embrasserais.
– Qu'est-ce que c'est ?
– Quoi ?
– Devant !
Sergio rétrograde brutalement, ralentit.
Marco a compris.
– Bon Dieu un barrage !
Sergio freine, la voiture dérape.
– Fais demi-tour Serge, fais demi-tour !

Sur le barrage les pandores soufflent à pleins poumons dans leur sifflet, eux aussi ont compris.

Sergio recule le plus vite qu'il peut.

— Baisse-toi Marco, baisse-toi!

Les gendarmes, en bons militaires qu'ils sont, ont ouvert le feu comme la loi le leur permet. Sergio entend les rafales de pistolets-mitrailleurs, le pare-brise explose, il ne contrôle plus la voiture qui part dans le fossé.

Il se retrouve coincé entre les deux sièges, tente d'ouvrir la portière. Il voit le ciel, quelque chose le brûle dans la poitrine, il étouffe, sans force, il a sorti son calibre, ridicule les quatre fers en l'air, il s'en rend compte, il gronde, il entend les sirènes deux tons, les coups de sifflets, des hommes qui s'interpellent, une cavalcade.

Sa voix est faible, un chuchotement:

— Marco où tu es, Marco mon pote où tu es? Marco? Marco?

D'un coup de pied, il a rallumé la radio sur un violoncelle solo.

— Marco, regarde… y a du soleil y fait beau, c'est con, j'ai froid aux pieds.

ARAIGNÉE DU SOIR...

À peine quarante-huit heures s'étaient écoulées entre le moment où les fonctionnaires de la BRB l'avaient menotté au sol, en lui posant sur la nuque le canon d'un 357 magnum, le nez à cinq centimètres d'une vieille crotte de chien... et son arrivée à la terrible maison d'arrêt de Fresnes.

Collé au mur par les aboiements des crabes, il se regardait de la tête aux pieds, son costume croisé blanc cassé avait pris la couleur du bitume; sur le revers quelques gouttes de son sang d'une légère blessure à la tête, un coup de crosse pris pour il ne savait quelle raison. Depuis l'époque de son adolescence où il était monté pour la première fois sur un ring, il n'avait plus peur des coups, et du sang, il en avait déjà vu en plus grande quantité, le sien et celui des autres.

Comme à son habitude, essayant de se redresser mentalement, il avait mis ses mains dans ses poches. Il aimait bien se balader ainsi du Centre Pompidou à la rue Blondel, décontracté, à l'aise, roulant légèrement des mécaniques, juste ce qu'il fallait pour qu'à sa mine on sache à qui on avait à faire.

— Retirez vos mains de vos poches!
Le fonctionnaire habillé en bleu ne le regardait pas lui personnellement, mais il avait vivement mis ses pognes derrière son dos. L'ordre brutal du type lui faisait encore battre le cœur de surprise, de colère après lui-même et après cet enfoiré qui se

permettait de parler ainsi à la quinzaine de taulards, simplement parce qu'il était du bon côté du manche. Pendant un instant il s'imagina ce qu'il aurait fait au gaffe, à coups de manche de pioche.

Quarante-huit heures et sa vie avait totalement basculé dans il ne savait trop quoi, c'était la première fois qu'il était stoppé. Il était assis comme tous les jours vers les midi dans un fauteuil confortable, Nino venait de lui rafraîchir la nuque et le tour des oreilles, il s'était laissé aller en arrière. Nino affûtait son rasoir sur une bande de cuir. Il les avait d'abord vus arriver dans le miroir, le calibre en pogne. Dans la seconde il avait cru mourir, pensant que quelqu'un venait régler ses comptes avec lui. Les quatre lascars l'avaient pris en poids, menotté et couché sur le trottoir.

Il avait passé presque deux jours en tête à tête avec eux dans un commissariat. Par la fenêtre du bureau où on le questionnait, les mains et les bras entravés, il pouvait voir la Seine et le doux soleil de printemps. Il aimait se balader avec sa blonde sur les bords de Seine de l'île Saint-Louis au Marais. Au Louis-Philippe, ils s'offraient des huîtres et un sancerre bien frais, puis faisaient quelques courses dans une épicerie rue Miron, des épices pour sa cuisine à elle, et plein d'autres bonnes choses. Il aimait rester dans ce magasin aux multiples odeurs. Il essayait de s'en souvenir pour échapper à celles de pisse et de pieds sales de la cage à poules. De là, il appelait un taxi pour sa petite gonzesse, et lui se rendait dans un bistrot du Marais où quelques juifs avaient pris l'habitude de lui piquer deux trois billets au poker.

Les flics l'avaient tutoyé dès le début, il s'en foutait. Quand il était môme, il avait toujours entendu tout le monde tutoyer son père, les collègues d'usine, les chefs et les patrons. Comme femme de ménage sa mère n'avait pas le droit, elle non plus, au vouvoiement. En les entendant le tutoyer ainsi, il se fit la réflexion que, malgré tous ses efforts, il ne s'était pas élevé beaucoup plus haut que ses parents, cela le mit en colère mais le protégea en même temps. Devant les condés, il pensait à ses vieux dans le Sud, au soleil, pour leurs vieux os comme ils disaient. C'est lui qui avait payé la maison, une grande cuisine pour sa mère, un jardin pour son paternel et une femme de ménage pour que sa mère n'ait plus jamais à faire le ménage. Il s'était arrangé avec le baveux, quoi qu'il lui arrive ils étaient à l'abri. Il eut un sourire au coin des lèvres qui énerva le flicard qui lui posait la même question depuis plusieurs heures sous plusieurs formes. Il ne répondait pas aux questions, ne les comprenait pas toutes, il se sentait très peu concerné par les préoccupations de la Brigade de répression du banditisme.

Il était tombé sur une jeune juge d'instruction, pas mal. Elle croisait et décroisait ses jambes au rythme du procès-verbal qu'elle dictait. Il pouvait entendre le bruit de la soie. Elle lui parlait un peu comme on parle à un débile. Les instits à l'école, eux aussi, tutoyaient ses parents quand ils les convoquaient pour parler de son carnet de notes de cancre. La curieuse lui avait fait la morale, lui expliquant avec une moue de dédain que sa position n'était pas acceptable et que cela allait lui nuire gravement. Ce qui ne semblait pas acceptable pour cette petite-bourgeoise sortie fraîchement de l'école, c'est qu'une brute comme lui se permettait de ne pas répondre aux questions. Dans le bureau feutré du juge envahi par le parfum de la femme, il avait failli s'endormir.

Et il se retrouvait là, dans ce couloir au parquet ciré par des générations et des générations d'auxis, à la queue leu leu avec ses codétenus sous le regard stupide des gardes-chiourme.

À la petite fouille, il avait dû vider une nouvelle fois ses poches. Le crabe en salopette grise lui avait gardé sa chaîne en or avec le petit lingot suspendu, le jonc qu'il portait au petit doigt de la main gauche, la gourmette en or aussi grosse que le chrono du même métal et le briquet qui allait avec le reste. La blouse grise lui dit qu'il pouvait garder son alliance. Il s'entendit répondre, stupidement, «merci chef», il s'en voulut, eu honte, rougit, toucha l'alliance, pensa à sa gonzesse dehors, quelque chose déchira sa poitrine, mais il dut se concentrer pour passer au piano.

À la grande fouille, ils lui avaient proposé d'échanger ses habits contre un drogué. Il avait préféré garder son costard. De temps en temps, il pouvait lire l'étiquette avec la marque italienne, cela lui permettait de se souvenir qu'il avait été un autre homme, ailleurs, il y a déjà longtemps. On lui avait remis deux draps, deux couvertures, une serviette-éponge blanche, un verre, une assiette Duralex; couteau, fourchette, vingt feuilles de papier cul et une petite bassine en plastique rouge. Il demanda à un gars qui semblait être passé par là plusieurs fois, mais qui ne semblait pas plus rassuré pour autant, à quoi servait la bassine. Il apprit que c'était pour recevoir les repas.

Leur paquetage sur les bras ou sur l'épaule, toujours à la queue leu leu en longeant le mur jaune, on les conduisit à coups de gueule jusqu'à une division. Ils croisaient d'autres détenus qui allaient et venaient, qui semblaient avoir pris la couleur de la prison. Les portes se fermaient et s'ouvraient devant et derrière eux. Brouhaha du couloir où il était strictement interdit de parler sous peine de mitard.

Une cellule dans laquelle ils rentrèrent à six. Un détenu, la voix cassée d'effroi, osa demander s'ils allaient rester là, le gaffe en refermant la porte sur eux:

– Cellule d'arrivants.

Celui qui était déjà venu expliqua qu'ils ne resteraient là qu'un ou deux jours, au plus une semaine à cause du week-end. Il se rappela qu'ils devaient aller avec sa môme à Barcelone, il y avait le Taxidermista place Real, les Ramblas le soir, la chambre d'hôtel ouverte sur la rue et le corps de sa nana rempli de désir et d'amour pour lui.

Le chiotte de la cellule était bouché, l'eau où surnageaient quelques étrons était prête à déborder, le sol était immonde, collant par endroits, glissant à d'autres, le vasistas ne voulait pas s'ouvrir et tout le monde s'était mis à fumer. L'ancien avait déclenché le drapeau extérieur, il donnait volontiers des renseignements, des conseils, des pratiques. Ils restèrent là à s'enfumer, à se parler jusqu'à onze heures. La porte s'ouvrit sur un chariot sale et graisseux où étaient déposés deux énormes plats en métal gris, un gameleur tenait une louche dans la main comme pour frapper le premier qui se présenterait.

— Prenez les bassines en plastique! aboya le maton qui triait du courrier.

— Chef…

L'ancien s'était approché, son «chef» était dit sur un ton le plus respectueux qui soit.

— Ouais!

— Notre chiotte est bouché, chef.

— Ouais!…

Les autres détenus se faisaient servir.

La porte allait se refermer.

— Chef?… Chef?… tenta l'ancien.

Le porte-clés arrêta son mouvement.

— Ouais!

— Le chiotte, chef?…

— Ouais, j'vais voir!

— Merci chef.

La porte se referma.

— Enculé… lâcha l'ancien entre ses dents.

Il se tourna vers lui.

— Il va rien faire, faudra redemander… T'as rien pris, t'as bien fait.

— Pourquoi?

— Y a rien pour nettoyer les bassines.

En effet, le minuscule lavabo, sale comme le chiotte, était aussi bouché.

Les autres regardaient leur gamelle remplie d'un riz collant et d'une bouillie de viande immangeable. Les plus riches en cigarettes partageaient avec les autres, chacun de raconter son histoire en l'embellissant plus ou moins.

Le temps passait, il n'avait plus de montre, il s'était couché sur un matelas brûlé par endroits et taché à d'autres. Il rêvait à dehors, à sa belle, une boule de tristesse au fond de la gorge, prêt à pleurer ou à hurler.

La porte ouverte violemment le réveilla.
— Dehors! Le long du mur!
Des portes ouvertes et fermées, le long couloir, au-dessus d'eux les coursives, les filets, les bruits sourds, une autre cellule vide de meubles mais pleine déjà d'une vingtaine de détenus fumant. Personne ne savait ce qu'ils faisaient là, les anciens disaient pour le directeur, ou le médecin, ou…

Coincés les uns contre les autres, le temps passa.
Une blouse blanche lui demanda s'il allait bien, il répondit que non.
— Vous êtes malade?
— Oui, j'aimerais bien rentrer chez moi.
— Ah… répondit l'interne.
Un auxi en blouse blanche le regarda et lui sourit.
Une infirmière examina sa verge et il se retrouva dans une autre cellule d'attente avec les autres, encore plus nombreux.
— Suivez la ligne, retirez vos mains de vos poches.
C'était une habitude à prendre, retirer ses mains de ses poches et ne pas les entendre.
Le chiotte n'avait pas été débouché.
L'ancien regarda sa montre bon marché qu'on lui avait laissée.
— Il est trop tard, ils ne viendront plus.
Quand, à dix-sept heures, la porte s'ouvrit de nouveau pour la gamelle du soir, il tenta de nouveau de parler au fonctionnaire.

— Ouais, ben, on verra demain!

— Mais comment on fait… lâcha quelqu'un du fond de la cellule.

La porte fermée fut sa réponse.

Deux qui avaient fini leur plat de midi prirent les épinards avec deux œufs durs, les autres que les œufs. Il s'aperçut qu'il avait faim.

Le stock de cigarettes diminuait, l'air devenait un peu plus respirable. Chacun avait encore beaucoup de choses passionnantes à raconter aux autres, l'ancien racontait des histoires drôles sur la prison tout en refilant le mode d'emploi pour vivre ici.

Derrière le vasistas la nuit était tombée.

Un bleu ouvrit et referma la porte de la cellule dans le même geste et tira deux verrous qui claquèrent comme une fin définitive. Ils entendirent le geste se répéter de porte en porte, des centaines de portes.

Les conversations cessèrent petit à petit, la prison devint silencieuse.

Deux larmes coulèrent de ses joues, une pour lui, une pour sa gonzesse.

Les deux verrous claquèrent de nouveau. La porte s'ouvrit, quatre matons, on l'appela. Il sortit avec son paquetage sans dire au revoir aux autres, le couloir était jaune pisseux, vide, silencieux, juste quelques bruits venaient des cellules.

— Suivez-nous.

Le gaffe l'avait vouvoyé et il n'avait pas hurlé son ordre. Il n'était pas obligé de marcher sur la ligne.

— Où je vais?

— Le juge d'instruction a demandé à ce que vous soyez placé en DPS.

La nouvelle cellule était aussi grande que celle où ils étaient six, propre, et le chiotte pas trop sale n'était pas bouché. C'était sinistre. Il alluma une lampe jaune encore plus sinistre. Il resta là un moment au milieu de nulle part, n'arrivant pas à réfléchir, n'étant que tristesse, terreur et douleur. L'œilleton s'ouvrit et la lumière jaune s'éteignit. Il se coucha tout habillé, une couverture pour le couvrir.

Dormait-il ? Des cris dans le couloir, quelqu'un hurle :
— Enculés ! Bande d'enculés !
Il entend un corps que l'on traîne dans l'escalier.
— Enculés ! Enculés !
Il recouvre sa tête avec la couverture poussiéreuse, se met en fœtus et prie.
— Marie, mère de Dieu, sors-moi de là…

La porte s'ouvre pour le petit-déjeuner, café tiédasse fait avec de l'orge ou autre chose. Il se recouche, essaie de s'évader de nouveau dans le sommeil, la prison se réveille, il entend des prisonniers s'interpeller de fenêtre à fenêtre, de division à division.
Le temps passe, peut-être…

Quelqu'un toque à la porte, il s'approche.
Une voix derrière.
— Allô ?
— Oui ?
— C'est toi Momo ?
Qui le connaît, qui l'appelle ainsi ? La voix est amicale, quelque chose de chaud bondit dans sa poitrine.
— Oui ?
— Des garçons en deuxième division qui te connaissent, ils vont t'envoyer un colis. Tchao mec.
— Tchao.
Il est fou de joie. Des amis, mais qui ? Il n'est pas seul. Il est redevenu Momo.

À onze heures, la porte s'ouvre pour la bouffe, un auxi accompagné d'un maton en blouse marron lui tend une assiette avec des frites et un steak.

— Un plat cantiné pour la 6.

La blouse note quelque chose, l'auxi lui fait un clin d'œil.

Les frites sont tièdes et pas salées mais il se régale, c'est un signe de connivence.

La porte s'ouvre de nouveau. L'auxi en blouse blanche qu'il a remarqué hier lui sourit, il porte une boîte en carton, un maton en blouse blanche le suit qui fait semblant de regarder ailleurs.

— J'm'appelle Bébert, c'est toi Momo? J'ai entendu parler de toi, t'es de Vitry, je suis de Villejuif.

Il pose le carton sur la petite table scellée.

— Ils ont dit qu'ils allaient te faire venir en deuxième division. Courage amigo, je repasserai ce soir, dis-moi si tu as besoin.

Il lui serre la main longuement, il sourit, l'air de dire, ici c'est comme dehors on est ensemble.

Dans le carton, il y a des vêtements et une paire de pompes de sport neuves, de quoi fumer, de quoi manger, des revues avec des gonzesses à poil, un poste transistor, de quoi se laver, une grande serviette de bain neuve. Il reste comme ça devant le colis, souriant. La porte s'ouvre de nouveau.

— Avocat.

Son baveux est jeune, il le connaît de réputation, un teigneux qui n'a pas peur d'aller à la rupture s'il le faut, pas un plaideur mais un avocat de dossier qui saura expliquer le droit à la girl aux bas en soie.

— Bonjour, Maître Raugid. Votre femme est venue me voir quand vous étiez encore à la BRB. Asseyez-vous. Elle m'a dit de vous dire qu'elle vous embrassait tendrement. Vous avez de la chance, elle m'a fait l'effet d'une femme bien…

— Oui, j'ai beaucoup de chance.

L'ATELIER

L'homme immobile scrute son travail à venir.

La femme déhanchée regarde, par la fenêtre poussiéreuse, l'automne jaune et or.

Silence.

Ronflement du poêle à bois.

Silence.

Il a mis ses mains dans ses poches comme à son habitude.

Son regard est détourné vers le pantalon de cuir noir qu'elle porte. Il la voit de dos. Le cuir autour de ses hanches. Le bas du pull noir de biais de la hanche gauche à la hanche droite.

Il revient à l'œuvre.

— Il y a du travail.

Elle tourne la tête, son profil découpé dans la lumière de la fenêtre.

Un profil vif, taillé, un nez, un menton, un regard du coin de l'œil, les lèvres qui s'entrouvrent.

— Cher?

— Je ne sais pas, mais il faudra du temps.

Elle s'est retournée vers l'automne.

Il baisse de nouveau les yeux vers son œuvre à venir, revient à la femme.

Son pull la couvre haut sur sa nuque.

— C'est l'automne…

Elle dit quelque chose qu'il n'entend pas.

— Pardon?

— Magnifique.

Elle s'est retournée, une pirouette sur elle-même et fait trois pas décidés.

— Ce meuble m'est cher et je ne suis pas pressée.

Il s'est reculé sur son avance.

Elle s'est stoppée, touche le meuble de sa main gantée de cuir noir, le regarde lui.

Il est bien plus grand qu'elle, plus lourd, plus lent.

Il ne la trouve pas petite, ni menue, il ne pense pas à la protéger, ni à être négligemment supérieur ou plus malin.

— Je vous donne mon numéro de téléphone, vous m'appellerez lorsqu'il sera fini.

Elle va partir.

Il ne le veut pas.

Il s'affole, cherche un moyen de la retenir, son cœur bat vite, il s'embrouille.

Elle semble tout à fait décidée.

Il n'a pas vu qu'elle n'avait pourtant pas bougé.

Si elle décroche son manteau, il ne pourra plus rien faire.

Il bredouille.

— Oui ?

Elle le regarde, elle le regarde drôlement, d'une manière étrange, étrange pour lui.

C'est-à-dire qu'elle le regarde, vraiment, mais sans en rajouter, elle le regarde.

Depuis le début, il a cette sensation, même lorsqu'elle lui tournait le dos.

L'étrange sensation qu'elle ne voit pas ce que les autres ont l'habitude de voir.

On dirait qu'elle l'a pris dans son ensemble, de son début à sa fin.

Il pourrait tout autant penser qu'elle le regarde à peine. Qu'elle ne fait pas attention à lui, d'ailleurs elle va partir, elle veut partir.

Sa gorge est nouée, il répète.

— Attendez, il faut faire un devis.

— Un devis ?

– Enfin, je veux dire, j'aimerais voir avec vous les travaux qu'il y a à faire, les plus visibles.

Il l'énerve, la retient sous un faux prétexte, elle le devine, elle veut partir.

– Mais vous avez peut-être d'autres choses à faire?

– J'ai pris cet après-midi pour venir vous voir.

Elle n'a pas bougé.

Elle a dit: pour venir vous voir, et non pas pour vous apporter le meuble.

– C'est une bonne idée.

Elle trouve que c'est une bonne idée. Elle a de nouveau virevolté sur elle-même, un coup d'œil circulaire sur l'atelier. Elle retire ses gants, s'approche du poêle.

Il a failli poser une main sur son épaule.

– Voulez-vous boire un café?

– Vous n'avez pas du thé?

Et non, merde, il n'a pas de thé, quel con!

– J'ai du vin.

Elle lui demande du thé et voilà qu'il lui propose du vin. De ce vin rouge aigre et dur qu'il achète au marchand de vin d'à côté. Un vin tiré au tonneau dans des bouteilles mille fois rincées.

– Oui, d'accord.

– C'est-à-dire qu'il n'est pas très bon.

– Vous me proposez du vin qui n'est pas très bon?

Elle s'est tournée vers lui, elle ne sourit pas.

Il se trouble.

– C'est-à-dire…

– Vous le buvez?

– Oui, mais…

– Il vous plaît?

– Oui, mais… c'est…

– S'il vous plaît, alors…

Il a les mains qui tremblent. Il rince deux verres qui avaient déjà été rincés. De gros verres à facettes, aux bords épais. Il prend un torchon propre bien plié et bien rangé sur une étagère.

– Vous ne voulez pas vous asseoir?

Il désigne une chaise poussiéreuse.

S'en aperçoit.

Avec le torchon propre, rapidement il dépoussière la chaise. Il regarde le torchon, le jette dans un coin et en prend un nouveau sur l'étagère.

Elle ne fait pas mine de vouloir s'asseoir.

Elle s'approche d'une layette en sapin qu'il est en train de finir.

Le meuble est posé sur une table basse à roulettes, recouverte d'une vieille couverture.

Du bout de l'index, elle entrouvre la petite porte du meuble et découvre une multitude de minuscules tiroirs. Leurs faces sont en noyer aux couleurs brunes.

Entre deux doigts, elle saisit un ferrement et tire doucement l'un des tiroirs. Celui-ci glisse librement sur ses coulisseaux récemment restaurés.

Elle reconnaît le travail accompli, en ressent de la satisfaction.

Il s'est approché, à quelques pas d'elle, fasciné, arrêté. Il a vu les deux doigts saisir délicatement le bouton. Jamais il n'a été aussi heureux de son travail bien fait. Il avait appris ce métier, il l'avait pratiqué, cent fois sur l'ouvrage. Cela pour une seule chose qui lui était cachée, ce moment-là. Ce moment privilégié où elle tirerait ce tiroir. Il touchait là un but de son existence. Il vivait là un moment précieux où les choses se mettaient en place. Cela se faisait en dehors de lui, en dehors de son pouvoir ou de son vouloir.

Elle avait posé la main sur son travail, tiré le tiroir, qui avait coulissé parfaitement.

Il le pressentait, à partir de cet instant certaines choses ne seraient plus jamais les mêmes. Il avait trouvé non pas un sens supplémentaire ou nouveau à son travail, mais une finalité.

Chez lui finalité ne voulait pas dire fin, mort, musée, mais engrangement, forces nouvelles, maturité. Il aimait cette idée de conduire à bien une chose, de l'amener à son terme. Jamais pourtant il n'avait pensé que cela se ferait sans lui.

Surpris, dans l'instant où il s'avançait vers elle.

Il croyait qu'en contrôlant l'histoire on écrivait soi-même la conclusion. Il apprenait le contraire juste là, à l'instant. Sous l'émotion du moment, il eut comme un vertige. Il tituba quelques pas qui le rapprochèrent d'elle.

Elle poussa le tiroir et en tira un autre.

— Il est à vous?

— Non, c'est un travail pour Madame Lenoir.

— Ah, oui?

Elle repoussa le tiroir.

— Vous la connaissez?

— Oui, de vue. Vous avez beaucoup de clientes.

Il ne lui avait pas échappé qu'elle avait dit clientes.

À regret, il se sépara d'elle.

Servit les deux verres de vin. Lui en proposa un.

Elle s'assit sur une chaise qu'il n'avait pas dépoussiérée.

Il réfléchissait.

— Tiens, je m'aperçois que je n'ai que des clientes, c'est étonnant…

— Je ne trouve pas cela très étonnant.

Elle le regardait toujours.

— Comment?

— Ce vin est très mauvais!

Elle faisait la grimace et tendait son verre pour s'en débarrasser.

— Je vous avais prévenue.

— Je vous ai fait confiance, vous m'avez dit que vous le buviez.

— Oui, enfin…

— Pourquoi boire un vin que vous trouvez mauvais?

— C'est-à-dire, je ne bois ce vin qu'ici, je trouve qu'il se marie parfaitement à la sciure de bois.

— Alors vous auriez dû me donner à goûter de la sciure.

Elle restait assise les jambes croisées.

— On regarde un peu le travail sur votre meuble?

— D'accord.

Elle se leva.

Quelqu'un toqua à la porte basse de l'atelier.

– Oui!

Une silhouette de femme se dessina sur le jour déjà déclinant.

À l'entrée de la nouvelle venue, l'homme et la femme s'aperçurent que la lumière avait baissé.

L'atelier était sombre.

L'homme appuya sur une poire qui alluma une lampe à la lumière jaunâtre. Et une autre près du lavabo, à la lumière plus moderne.

La nouvelle arrivante était une jeune femme bien en chair, au visage joufflu. Elle portait une jupe rose bonbon extrêmement courte qui collait à ses énormes fesses. Ses seins étaient recouverts, à peine, par une sorte de débardeur fuchsia. Les cheveux étaient colorés en blond, laissant apparaître des racines brunes. Son visage était peint. Le tout se tenait en équilibre sur des hautes chaussures rouges aux bouts abîmés.

– Bonjour.

Elle avait une voie enfantine. Troublée, elle se tourna vers la femme.

– Bonjour, madame.

Et baissa les yeux.

Il avait toujours pensé qu'elle baissait les yeux ainsi pour avoir le regard à la hauteur des braguettes; braguettes des hommes qu'elle explorait un peu partout dans la région. Cette fois-ci son regard s'était fixé à la hauteur des bottines de la femme. Elle semblait extrêmement gênée, rougissait. Rien chez elle n'était en harmonie avec l'automne, avec l'atelier. Elle replaça une bretelle de son débardeur, tira sur sa jupe.

Lui aussi était gêné, comme honteux de la nouvelle arrivante. Mais surtout il savait qu'elle allait faire fuir la femme.

– Christine! Vous connaissez Christine, c'est la fille de l'épicière.

Ça tombait bien, Christine portait dans ses bras des sacs en papier remplis d'épicerie.

– Oui, nous nous connaissons, de vue.

Elle le regardait toujours.

Il remarqua qu'elle regardait aussi la nouvelle arrivante, mais sans s'attarder. C'était la seule à ne ressentir aucune gêne. Elle avait pris en compte l'arrivée de Christine. Mais, il en était persuadé, elle restait penchée vers lui.

– Je vais vous laisser.

Son affolement le reprit.

– Non. Christine me livre mes commissions. Elle repart.

Christine est restée figée.

Il lui prend les commissions des bras, les dépose sur l'établi.

Christine n'a pas bougé, la femme a tourné le dos.

Il ouvre la porte de l'atelier sur la presque nuit.

– Alors voilà, à demain.

– Au revoir madame.

Elle se tord le pied en reculant d'un pas, regarde l'homme.

La femme s'est retournée à demi et salue de la main.

Il referme la porte comme on soupire.

– Vous auriez dû la garder.

– Non, non.

– Vous auriez dû, je vais partir.

– Et le travail pour vous ?

– Faites au mieux.

– …

– Je reviendrai…

LE GRAND LUCAS

PREMIER TEMPS

Il y a longtemps en arrière.
À Marseille, sur le Vieux-Port.
Dans les ruelles derrière.
Coins noirs, néons rouges clignotants, des filles minijupes ras les fesses, hauts talons. Sur le devant de la scène face à la mer, les macs, pompes et ceintures croco, chemises satin, chaînes en jonc, posent un regard méchant sur le monde.
Juke-box, filles qui s'interpellent, voyous qui rigolent en coin.
Tout cela monte dans l'air chaud et envahit la chambre d'hôtel de Luc, dit le Grand Lucas.
Luc gît sur le lit, les bras, les jambes, en croix, son corps est luisant de transpiration.

DEUXIÈME TEMPS

Martina se tient dans un coin sombre de la chambre, juste au bord de la fenêtre qui donne sur la rue nuiteuse et agitée de Marseille. Debout, appuyée au mur, elle fume en regardant son homme gisant sur le lit à l'autre bout de la pièce. Par intermittence, un néon vert et jaune éclaire le sein et la hanche de Martina, dans sa main rougeoie la cigarette. Dehors, une putain apostrophe violemment un chaland. Martina tourne la tête vers les cris, un moment son visage est éclairé par le néon vert. Elle revient sur son amant toujours endormi, tire sur sa cigarette et, machinalement, du pouce, se caresse un téton.

Elle réfléchit.

Enfin, quelque chose qui ressemble à une réflexion.

Devait-elle quitter le Grand Lucas?

Son instinct de conservation, qu'elle avait fort développé, lui criait que oui au plus vite, tout de suite. La question qui lui tarabustait le sein droit était surtout de savoir si elle devait balancer son homme pour se protéger de lui. Un air frais venu de la mer caressa un moment son corps nu.

TROISIÈME TEMPS

Le Vieux-Port, la nuit, l'été, il y a longtemps. Ça sent la friture, les parfums des filles, les cigares des voyous, la sueur des prolos; champagne renversé, bière dégueulée par les légionnaires. Une fille redescend de l'hôtel un grand nègre derrière elle, une collègue lui offre une cigarette blonde. De la mer, là-bas dans la nuit, un courant d'air frais passe sur le port, la fumée de friture danse un moment, le légionnaire se redresse et replace crânement son képi, le vent frais passe sous la jupe de la fille qui frisonne, vient lécher le sein de Martina et s'étend sur le Grand Lucas, lui caresse les couilles et la queue, glace la sueur sur son front et s'en retourne à la mer.

Luc est allongé sur le dos, jambes et bras écartés, bouche entrouverte, il dort. Plutôt, il gît, de tout son poids, enfoncé dans le lit, les draps trempés de sa sueur.

Il dort.

Il est réveillé.

Il ne sait pas.

Quelque chose en lui, tout au fond, s'est réveillé. Mais il ne saurait dire quoi, il ne saurait dire qui. Luc est réveillé, mais absent. Il y a cette chose réveillée et le noir autour. Quelque chose d'autre, au centre, vient d'apparaître et le tire vers le haut comme une main glacée. Le Grand Lucas renaît par ses couilles. Sa toute première pensée, alors qu'il n'est pas encore totalement reconstitué, est qu'il a envie de pisser, une terrible envie de pisser.

QUATRIÈME TEMPS

La nuit est chaude.
Sans même bouger, les corps se couvrent d'humidité.
Martina, du haut de la fenêtre de sa chambre d'hôtel, regarde un micheton discuter les prix avec un tapin à queue-de-cheval. Les deux ne font pas affaire. Le client, tête baissée, passe sous la fenêtre, Martina le vise et d'une pichenette envoie son mégot qui rate le crâne chauve. Elle fait quelques pas dans l'obscurité jaune et verte, s'arrête au pied du lit où dort Luc, son homme. Elle suit des yeux une goutte de sueur qui, difficilement, essaie d'échapper aux poils qui recouvrent l'abdomen. Elle roule sur le flanc. Juste au moment où la goutte va toucher le drap, Martina se penche vivement et la ramasse sur son doigt qu'elle porte aussi vivement à sa bouche. En se penchant, elle a plongé dans l'odeur forte et acre de son homme. Elle s'assoit au bout du lit, tend la main, la pose sur le pied de l'homme qu'elle va balancer à la police.

CINQUIÈME TEMPS

Dans la chambre obscure, dans la chaleur moite et odorante de cet été marseillais, Martina s'est couchée en chien de fusil aux pieds de son amant. Jaune vert colore le néon. Jaune : HÔTEL. Vert : DE LA MER.
Tout autour ça tapine, ça boit, ça jacte, ça transpire.
Luc, couché sur le dos, les jambes et les bras écartés n'a pas bougé d'un poil. Difficilement, il remonte du néant où l'alcool, ingurgité la nuit dernière, l'avait plongé. Il a réalisé qui il était, mais ne sait toujours pas où il se trouve. Il lui semble que son

corps est éclaté, éparpillé, disloqué. Il pense, mais sa pensée ne semble pas partir de sa tête. Son seul point d'ancrage c'est sa queue et ses couilles, il les sent, là, glacées. Pour un mac, n'exister que par ses couilles et sa queue, c'est bien. Mais il est un peu inquiet de les sentir aussi froides. Il faudrait qu'il envoie la main pour les réchauffer, mais où est sa main? s'il pouvait remuer le petit doigt pour la repérer... Il essaye. Voilà, il a récupéré sa main droite. De là, il peut se reconstituer: la chambre d'hôtel, Marseille. Dans un effort, il lève sa pogne et la pose sur sa verge, ça le réchauffe. Il s'empoigne, va et vient. Il bande, mou, mais il bande, il vit. Il quitte sa bite pour chercher l'interrupteur de la lampe de chevet, il tombe sur la crosse de son 11. «Ah oui, c'est vrai», pense-t-il.

SIXIÈME TEMPS

Luc, dit le Grand Lucas, allume la lampe de chevet sur la table de nuit de la chambre d'hôtel. La lumière lui donne un violent coup de bâton entre les deux yeux. Toute la chaleur de cette nuit marseillaise lui tombe dessus, l'étouffe. Il gémit, éteint, gémit encore le souffle court. L'obscurité verte et jaune lui apporte un peu de fraîcheur. Il se calme, fait un effort pour respirer profondément. Nu, collé à ce lit trempé de sueur, il se sent pris au piège. Une énorme boule d'écœurement explose dans son ventre. Il gémit encore. Il a froid, chaud à étouffer.

— Ça va pas? Qu'est-ce que tu as?

Une femme lui parle, sa mère peut-être. Il allait répondre qu'il était malade, qu'il avait mal à l'intérieur, qu'il avait peur. Il se souvint qu'il n'avait jamais eu de mère.

SEPTIÈME TEMPS

L'horloge du radio-réveil indique: 00:00.

Dans un léger mouvement de la nuque qui fripe la peau du

cou d'où s'échappent des gouttes de sueur, le Grand Lucas aperçoit la forme à ses pieds. Sa gonzesse se tient là en chien de fusil. Qu'est-ce qu'elle fout? Quelle heure est-il? Tard ou de bonne heure? Il jette son regard en arrière vers la table de nuit: 00:05. La salope n'a pas été tapiner.

Il ne savait plus comment faire avec cette gonzesse. Au départ, il lui avait semblé qu'elle serait pratique. Elle avait été aux asperges naturellement sans rechigner, et lui remettait toute la comptée. Une ou deux fois, elle avait maladroitement gardé de l'argent. Il l'avait punie, mais il était possible qu'elle l'ait fait exprès, pour voir s'il serait capable de lui donner la punition. En plus, au début, Lucas s'était régalé la queue. Ce qui n'était pas un bon point pour un mac.

Avec le temps cette gonzesse avait fini par le mettre mal à l'aise. Il n'osait se l'avouer, mais elle lui faisait un peu peur. Quelques fois, quand elle le suçait, son visage semblait se déformer par une sorte de folie, ses yeux se révulsaient, elle lui avalait le chichi avec férocité, le branlait méchamment tout en gobant ses couilles. Un jour, se dit-il, elle va m'arracher les burnes avec ses dents.

Il déplace son bras gauche, se déhanche. Les draps sont humides de transpiration et frais là où son corps ne touche pas. Il entortille la chevelure de la fille entre ses doigts et la tire vers lui. Il voit ses yeux et ses dents briller, fait un effort pour parler, la voix enrouée:

– Et le tapin?

Martina, le visage à la hauteur du bas-ventre de son amant, inspire avec volupté l'odeur de l'homme, changeante, mélange d'âcreté, de salé, de sueur et de pisse. Elle sort la langue, lèche des couilles à la hampe. Elle n'aime pas trop sucer mais a appris à le faire en regardant les films pornos avec son paternel et ses frangins, quand sa mère allait faire des ménages la nuit, pour donner à manger à toute la tribu.

Lucas lâche les cheveux de la fille et pense à autre chose pour bander.

HUITIÈME TEMPS

La bouche encore pleine de sperme, la tête posée sur le ventre de son amant, joue contre peau, Martina a mal à la mâchoire. Cette pipe a duré des heures. Le Grand Lucas avait toujours été un peine-à-jouir mais, depuis quelque temps, il bandait mou. Ce coup-ci elle était prête à abandonner, pour la première fois de sa déjà longue carrière de suceuse. Quand à treize ans elle pompait, avec ses copines, dans les caves, les gars de la cité, jamais aucun n'avait résisté à sa bouche vorace. Voilà que celui-là se faisait sucer pendant des heures en bandant à peine.

– Martina! Va bosser, lui dit Lucas en lui caressant la tête.

La fille dépose un baiser gluant sur le vit tout recroquevillé et se lève. Elle enfile des chaussures à talons très hauts, se brosse les cheveux, enfile une robe noire qui lui moule le corps des cuisses à la poitrine, ramasse un sac à main, allume une cigarette, longe le lit où son amant n'a pas bougé, se baisse pour lui caresser la queue et sort de la chambre. À peine la porte fermée, Lucas se lève d'un bond, tourne le loquet, en quatre cinq pas traverse la chambre et se place au même endroit où se trouvait Martina quelque temps auparavant, dans l'ombre près de la fenêtre. L'horloge à l'autre bout marque pas loin d'une heure du mat'. Lucas tourne la tête pour regarder en bas, dans la rue. Il voit traverser sa gonzesse qui immédiatement branche deux autres tapins, les filles s'embrassent et se dirigent vers un bistrot qui donne sur le Vieux-Port.

Ce n'est pas cette nuit qu'elle fera fortune, se dit le mac en voyant les trois frangines tortiller leurs culs. Sa queue se lève immédiatement, il a envie d'une gonzesse maintenant, une de celles qui traînent à moitié à poil dans la rue. L'envie de s'habiller et de descendre le prend aux reins et dans les cuisses, mais un peu de raison l'arrête. Il n'a plus un fifrelin et le mieux pour lui est de ne pas bouger de cette chambre. N'importe comment la mentale lui interdit de monter avec des tapins. Sur le quai là-bas, à quatre cents mètres, il tente de repérer le bateau malgré l'obscurité. Il croit le deviner. Il passe devant la fenêtre, se plante devant le lavabo pour se regarder dans le miroir jaune puis vert. Il se lève sur la pointe des pieds, pose ses couilles sur le rebord du lavabo, sensation de fraîcheur, pisse la queue en demi-érection. Tout en pissant, il se regarde de nouveau dans le miroir.

— Putain, quelle tronche!

Un courant d'air frais le saisit par-derrière, il frissonne, ouvre l'eau pour se nettoyer la queue.

Il décroche le téléphone et appelle le bar attenant à l'hôtel.

— Vous pouvez me faire monter du café s'il vous plaît?

Il raccroche, enroule ses reins dans une serviette de bain, tourne le loquet, planque le calibre dans le tiroir de la table de nuit, allume la lampe de chevet. Fatigué, les jambes coupées, il s'assoit sur une chaise à côté de la table, reste comme ça sans bouger.

On toque à la porte.

— Oui.

Une fille brune potelée entre avec un plateau.

— Pose-le là.

La fille porte une jupe courte, évasée, noire avec de grosses fleurs rouges en motif. Elle a les épaules et les bras nus. Elle dépose le plateau et croise les yeux du voyou. Elle a un regard de chien battu que reconnaît Lucas, un regard un peu débile, ne sachant pas dire non.

— Dis-moi ma poule, tu pourrais t'arranger pour me changer les draps?

La fille va chercher une paire de draps secs et propres. Elle refait le lit. De retour à son point d'observation près de la fenêtre, Lucas regarde le gros cul de la fille tendre la robe à fleurs. Elle tapote les oreillers et se retourne pour regarder l'homme au bout de la chambre dans la pénombre. Elle baisse les yeux, marmonne quelque chose et saisit la poignée de la porte.

— Attends.

Lucas a à peine élevé la voix, elle se fige, se retourne.

— Viens voir ici.

Elle lâche la poignée mais ne bouge pas.

— Viens voir, je veux te demander quelque chose.

Elle se décide. En s'approchant de la fenêtre, elle se cogne à une chaise, s'arrête à deux pas du voyou. La queue raide soulève la serviette nouée autour de sa taille.

— Viens.

Elle fait les deux pas.

Ils ne sont plus séparés que par la longueur du sexe en érection.

La fille baisse de nouveau les yeux. Lucas lui attrape le menton lui relève la tête. Elle est écarlate. Une fine couche huileuse de transpiration lui fait briller le visage, une fois jaune, une fois vert. Sur son front une dizaine de petits boutons. Lucas lâche le menton, s'essuie les doigts discrètement sur sa serviette. La fille baisse les yeux de nouveau. Cela énerve le voyou.

— Regarde-moi!

Elle ne bouge pas.

— Allons! Lève les yeux!

Elle lève les yeux mais fait un demi-pas en arrière.

Il la retient en lui attrapant la main. Il tient quelque chose de chaud, de mouillé, de mou. Il lâche cette chose et s'essuie de nouveau les doigts.

— Comment t'appelles-tu petite?

— Micheline.

Lucas, sans attendre la réponse, jette un coup d'œil en bas dans la rue. Martina, penchée à la portière d'une voiture discute le coup avec un client, elle monte, l'auto démarre.

— Micheline? Tu t'appelles Micheline?

Lucas regarde de nouveau la fille.

— Oui monsieur.

— Et qu'est-ce que tu fais au bar?

— La serveuse.

— Ça te plaît, serveuse?

La fille hausse les épaules.

— Et ça gagne bien?

Elle soulève de nouveau les épaules.

— Dans ce quartier, serveuse, ça doit rapporter?

La fille hésite un moment et répond :

— Pas trop.

— Ah… et pourquoi tu ne fais pas comme les filles en bas ? Une belle gonzesse comme toi, je suis certain que tu aurais du succès ?

Elle regarde en bas, et hausse encore les épaules.

— Ça te plairait pas de tapiner ?

— Je sais pas.

Elle regarde toujours en bas.

— Comment ça tu sais pas, ça te plairait ou pas ?

Le regard toujours fixe, la fille répond dans un souffle.

— Oui je crois.

— Et alors ?

— La patronne ne veut pas.

— La patronne ?

— La patronne, la Madame Andrée, elle veut pas que je monte avec des clients.

— Mais toi ça te plairait pas de te faire deux trois billets par-ci par-là ?

Ce coup-ci, la fille regarde elle-même le voyou dans les yeux.

— Oui peut-être.

— Tu sais comment elles font les filles ?

Elle secoue la tête pour dire non.

— Je vais t'apprendre.

Il dénoue la serviette, la queue ainsi libérée se relève. Micheline baisse les yeux mais cette fois-ci pour regarder.

— Prends-la dans ta main.

La fille saisit la bite à pleine main.

Le voyou se retient de jouir tout de suite.

— Emmène-moi au lavabo.

Micheline tenant Luc par la verge passe un instant devant la fenêtre. Au quatrième étage d'un meublé, en surplomb, une femme qui prenait l'air, toute nue à sa fenêtre, les voit passer. Une fois au lavabo, Lucas se met sur la pointe des pieds, elle ouvre le robinet.

— Prends la savonnette et lave-moi.

Elle s'exécute.

Il lui passe le bras par-dessus les épaules, attrape le sein gauche, un sein mou à la pointe dure comme du bois. Elle respire fort et frotte la queue de ses deux mains savonneuses. Elle s'excite, attrape les couilles, frotte.

– Ça va, maintenant rince-la.

Elle continue de frotter comme si elle n'avait pas entendu, finit par rincer la queue. L'eau dégouline sur les cuisses de l'homme. La fille toujours accrochée à sa bite, il lui met les nichons à l'air, tire, malaxe les tétons. Micheline se penche en avant et avale le sexe. Lucas se demande s'il va pouvoir tenir.

– Viens au lit.

Ils repassent devant la fenêtre.

La femme, là-haut, voit un homme et une femme penchée en avant avec le sexe de l'homme entièrement dans sa bouche. Ils se cognent aux meubles, mais Micheline ne veut pas lâcher la verge. Il lui attrape les cheveux.

– Ça suffit!

Elle bave, ses cheveux sont gras. Elle couine, s'assoit au bord du lit et gobe de nouveau la bite. Lucas comprend pourquoi la Madame Andrée ne veut pas que cette grosse salope tapine. Il fait un pas en arrière et la gifle.

– Suffit!

La fille couine encore et le regarde, suppliante.

– Retire ton slip et mets-toi à quatre pattes.

Il relève la robe pour découvrir deux énormes fesses encore plus boutonneuses et transpirantes que le front de la fille. Au milieu des fesses bien ouvertes, bien en vue, le trou du cul marron foncé. En dessous une toison de poils noirs trempés. Elle tend son cul, souffle fort. Il enfonce deux doigts dans la chatte, c'est un marécage en ébullition, une fournaise. Trois doigts, et quatre, croche le pouce dans l'anus. Elle relève les épaules. Il retire ses doigts trempés, poisseux, ne sachant où les essuyer. Il prend la fille par les hanches et, d'un coup de reins, entre. Le bas de son ventre fait un bruit flasque avec les fesses boutonneuses. Sa bite a plongé dans quelque chose de brûlant, de liquide, mais il ne lui semble pas être entré quelque part.

La fille pousse un long mugissement sourd, caverneux. Lucas se retire. Sa queue dégouline. Elle se tord le cou, un rictus mauvais aux lèvres.

– Vas-y connard! Qu'est-ce que tu attends?!

Lucas plonge de nouveau avec le même bruit flasque. Il tire la fille par les cheveux et lui envoie sur le côté, à hauteur du sein un crochet sec et rapide. Micheline cesse instantanément de s'envoyer en l'air, ouvre la bouche mais plus aucun son ne sort, elle s'effondre.

– Habille-toi et tire-toi fissa!

Pliée en deux, la fille ramasse ses affaires et, sans se rhabiller, sort de la chambre. Luc ferme la porte derrière elle au verrou et retourne à la fenêtre. En bas Martina se penche à la fenêtre d'une voiture et monte. Le radio-réveil marque deux heures.

Lucas scrute les bateaux à quai.

Il se dit qu'il ne peut pas rester cent sept ans dans cette piaule. Il fallait que l'autre se décide. Là-haut, dans le meublé, la femme a réveillé son mari et le chevauche.

NEUVIÈME TEMPS

Luc, dit le Grand Lucas, s'était rendormi, à poil, de travers sur le lit de la chambre d'hôtel.

Le réveil le ranime à cinq heures pile.

Il se redresse, sort du tiroir de la table de nuit une paire de jumelles d'un modèle courant de l'armée et se dirige vers la fenêtre. Au passage, il attrape une chaise. La nuit a disparu. Il s'assoit. Dehors le jour se lève. Il monte les jumelles à ses yeux et les fixe sur le bateau parmi les autres bateaux. Il n'a pas bougé, toujours là. Les rues du Vieux-Port sont vides. Plus de putes, plus de michetons, plus de voitures. Les rades ont fermé. Une benne à ordures poursuivie par deux Arabes qui portent des poubelles. Lucas prend une grande aspiration. Toutes les odeurs de la nuit: merguez, frites, dégueulis, bière, parfum de femmes et d'essence ont disparu. Ça sent le matin, la mer, le large. Le soleil est déjà jaune tendre.

Lucas se recolle derrière les jumelles.

En bas, quelqu'un nettoie le trottoir à grands coups de jet d'eau et de balai de paille. Passe une voiture, passe un homme avec une casquette et un sac en bandoulière. On cogne à la porte, Lucas va ouvrir rapidement et reprend sa place et ses jumelles. Martina entre avec un plateau chargé de deux petits-déjeuners qu'elle pose sur la table, referme derrière elle, quitte sa robe et se place derrière son homme pour regarder dans la même direction. C'est grâce à elle que Lucas en est là à fixer ses jumelles sur le petit bateau. C'est par elle qu'il a fini par entrer dans le circuit. Une pute de rien du tout, une mythomane. Lucas a su trier ses mensonges et en sortir une vérité. Elle lui caresse la nuque.

— Gratte-moi la tête.

Elle plante ses ongles dans la chevelure épaisse. Lucas adore cela. Il quitte un moment ses jumelles pour se laisser aller à la caresse. Sa tête est ballottée entre les doigts de la femme, sa nuque est caressée par les seins volumineux. Elle s'arrête. Il souffle de bien-être, remonte les jumelles.

— Tu veux du café?

— Hum, hum…

Elle lui apporte une tasse et reste à côté de lui pour boire son café. Il est concentré sur ses jumelles mais a l'intuition qu'elle veut quelque chose. Il doit faire attention, il a encore besoin d'elle. Il présente la paume de sa main gauche.

— La comptée.

Comme par enchantement, elle y dépose une liasse de billets de 200 francs. Elle ne bouge pas. Il compte rapidement la thune. Il siffle d'admiration.

— 3000 balles, hé ben c'est un record en si peu de temps, surtout si on pense à tout le temps que tu perds au rade!

Elle lève les épaules boudeuse, elle veut partir, il la rattrape par la cuisse.

— Fais pas la gueule, t'es ma p'tite gagneuse, viens t'asseoir là.

Elle se pose sur une des cuisses énormes et musclée du voyou, il s'est replacé derrière ses jumelles et caresse le dos de la putain.

Elle allume une cigarette.

— Tu crois qu'il va venir ce matin?

Lucas soulève les épaules à son tour.

— Tu devrais aller te pager, tu dois être fatiguée.

Elle se lève. Il a les billets entre ses pieds, il lui semble qu'ils sentent le sperme et le cul. C'est sans doute ce qui lui plaît le plus, l'idée de ces billets qui viennent de la paie de tous ces caves. Peut-être qu'une légitime a donné 200 balles à son mari pour qu'il joue au billard, elle a sorti l'argent du tiroir de la cuisine, là où on range l'argent du mois, un billet, plié en quatre, que le mari a déplié pour le ranger dans son vieux portefeuille, cadeau de sa femme il y a dix ans, il a embrassé sa moitié.

— Merci maman, je rentrerai tard, ne m'attends pas.

Et le salopard s'est retrouvé aux putes à se faire nettoyer la queue par une Martina.

— Hé ben dis donc, c'est bobonne qui doit être contente à la maison avec un engin pareil, a menti la pute en passant le chichi du cave sous l'eau tiède.

Il a sorti ses vingt sacs et a commencé ses va-et-vient sur la fille qui déjà poussait des oh-oui-chéri-fais-moi-jouir.

Martina en face de Lucas se lave le cul dans le bidet. La chambre n'a pas de douche ni de chiotte, juste un bidet à côté du lavabo. Il la regarde un moment du coin de l'œil, il bande. Elle sourit, ne s'essuie pas, va se coucher. Il est à peine six heures et déjà le soleil chauffe le Vieux-Port. Lucas reste cloué sur sa chaise. Un moment, fatigué, il baisse les yeux sur la rue. Là où se tenaient les putes, une femme, tout aussi artificielle, une secrétaire peut-être ou une caissière passe, parmi d'autres passants et passantes qui maintenant peuplent la rue. Les rades réinstallent chaises et guéridons sur le trottoir, sous les arches. À sept heures, le marchand de journaux s'ouvre au chaland. Lucas pousse un soupir, c'est trop tard. Il se dit que la journée va être chaude. Il tire les hauts volets de fer, la femme dans son meublé le voit un moment dans l'encadrement de la fenêtre. Il accroche les volets en les laissant entrebâillés. Martina semble dormir, découverte. Il la regarde à peine visible dans la pénombre, se couche à côté d'elle la tête à hauteur de ses fesses, les écarte doucement pour découvrir le trou du cul et se met en devoir de le lécher consciencieusement, avec application, de larges coups de langue de haut en bas de la raie du cul, il pousse sa langue au plus profond. Elle gémit, se retourne pour lui proposer sa chatte. Il plonge, se barbouille le visage de l'humidité tiède et soyeuse. Elle ouvre les yeux, regarde son homme la tête enfoncée dans son sexe, elle attrape la queue qui bat son front.

DIXIÈME TEMPS

Luc s'est rendormi puis réveillé.
Le réveil marque 11:06.
Un bourdonnement poussiéreux a envahi la chambre d'hôtel. Marseille s'est mise au travail. Embouteillages. Passants. Soleil matinal, ombre fraîche partagent les rues et ruelles en taches plus ou moins égales. Le Vieux-Port est ensoleillé. Lucas s'approche de la fenêtre, hume l'air. Le salon de coiffure juste en dessous, coincé entre deux bars, exhale ses odeurs cosmétiques. Lucas se caresse le menton, il a l'idée d'aller se faire raser, et finit par s'asseoir toujours à poil, sur une chaise. Il regarde vers les bateaux. Des heures, des jours, des semaines à glander, à rien foutre et, d'un seul coup, comme ça, un acte, une action d'une portée qui bien souvent le dépasse. Il n'a pas toujours vécu ainsi, il y a eu une époque où il croyait en quelque chose, où il avait même des prétentions, lui qui toute sa vie avait été un âne bâté. Et puis, doucement, les choses avaient pris leur place, il était devenu ce qu'il était, entre végétal et animal, il avait laissé le stade de l'intellect pour une autre réincarnation.
Il se gratte les couilles, puis le torse aussi poilu que les couilles. Martina se réveille, elle fait des bruits, décroche le téléphone, commande du café. Lucas se lève pour pisser dans le

lavabo. Martina se colle à son dos, passe ses bras autour de sa taille et attrape sa queue. Il a fini de pisser, elle lui secoue le vit éclaboussant les rebords du lavabo avec les dernières gouttes. Puis se met à branler son homme à grands coups de poignet. Il bande. Mou. Plus dur. Dur.

Quelqu'un frappe à la porte.

Elle va chercher le plateau du café. Toujours bandant, il s'approche des tasses posées sur la table. Elle allume une cigarette, sucre son café, la verge de son amant à quelques centimètres. Lui, debout, boit son café. Le miroir de la penderie renvoie leur image. Lui, lourd et grand, les jambes légèrement écartées, son truc devant lui. Elle, un peu voûtée, habillée d'un T-shirt sale.

– Oh! Fanfan, viens boire le pastaga! crie quelqu'un dans la rue.

Une mobylette sans pot d'échappement couvre la réponse. Le soleil a bougé et donne en plein dans la chambre, relevant la poussière dans l'air. Martina repose sa tasse vide, tire sur sa cigarette et, avec la même main caresse la bite devant elle, lève les yeux vers son mec qui la regarde, se redresse, s'avance sur le bord de la chaise, tire de nouveau sur sa cigarette et avale le membre dressé.

À onze heures trente, Lucas tenant Martina par les cheveux lui badigeonne le visage avec son sperme. Avec application, elle lape les dernières gouttes de jus. Le soleil chauffe les fesses du Grand Lucas. Martina se lève, prend une serviette.

– Tu viens te doucher?

L'homme s'affale sur le lit les bras en croix. Elle sort. Il pense qu'après il faudra qu'il la tue, enfin, normalement, ça serait plus malin. Ou alors, il sourit, s'il se mariait, il pourrait même lui faire des enfants. Cela serait mieux que de la tuer. Elle revient les cheveux mouillés, le corps habillé d'une serviette qu'elle abandonne. Elle se couche près de Luc, fraîche, elle lui caresse les fesses, insinue un doigt.

– Dis-moi Martina, ça te dirait de te marier avec moi?

Elle arrête l'exploration.

– Quoi?

Couché sur le ventre il a parlé dans le matelas. Elle se hausse.

– Qu'est-ce que tu dis?

– T'es une belle petite salope.

ONZIÈME TEMPS

À midi, Martina déclare qu'elle a faim.

– On va chez l'Italien manger une pizza? propose-t-elle à Lucas.

Il se lève, en plein soleil, se passe de l'eau fraîche sur le visage, du coin de l'œil regarde par la fenêtre. En bas, les terrasses des restaurants se remplissent. Une odeur de bouffe, de grillades, d'huile à frites monte jusqu'à la chambre. Martina s'approche de son homme.

– Tu viens?

Lucas s'écarte d'elle.

– J'ai pas faim, mais vas-y toi.

– T'as pas faim?

Cela semblait la mettre en colère.

– Accompagne-moi quand même.

Ne sachant que faire, il attrape un slip douteux, le passe.

– Laisse tomber Martina, j'ai pas envie de bouger, mais vas-y toi.

Elle s'habille nerveusement d'un jeans et d'un T-shirt très large. Le ventre de Lucas lui crie qu'il a faim. C'est un ventre qui a l'habitude de recevoir quatre à cinq grosses portions de bouffe en vingt-quatre heures, le tout arrosé de pinard et d'alcool en tous genres. Lucas a faim, mais l'idée de manger lui apporte la nausée. Il a aussi envie que cette gonzesse se taille de cette chambre. Il remarque qu'elle prend son grand cabas en osier où elle a tout son fatras, et aussi qu'elle prend son blouson malgré la chaleur. Il va lui en faire la remarque mais il a trop envie qu'elle se tire. De son coin d'observation, il regarde de nouveau dans la rue. Elle s'approche de lui et dépose un baiser sur l'énorme épaule du voyou, radouci.

– Bon… j'y vais… Tu veux que je te rapporte une pizza?

Il se retourne pour l'embrasser sur la bouche.

– Non, non, si tu vas à la plage, je te rejoindrai là-bas.

Elle le regarde.

– Bon… d'accord.

Il a laissé sa main gauche sur l'épaule de la fille, mais s'est remis à regarder dans la rue.

– OK, à tout à l'heure.

Il entend la porte derrière lui s'ouvrir et se refermer. En bas, quelques femmes habillées en secrétaires, en caissières, en shampouineuses se sont placées aux mêmes endroits que les putes de la nuit. De midi à quatorze heures, des mères de familles viennent arrondir leur fin de mois en faisant quelques passes à la coupure. Lucas sourit, une voiture vient de s'arrêter à côté d'une femme, sûrement une Portugaise, habillée d'une robe de ménagère noire et de chaussures plates, un sac à commissions accroché à son bras. Elle monte dans la voiture. L'idée que cette femme va, dans une ruelle, tailler une pipe à un inconnu réjouit le Grand et le fait bander. Pendant un instant il trouve que la vie est bien faite. Il voit passer la voiture de Martina. Le soleil au zénith s'est retiré de la chambre. Lucas s'approche du miroir au-dessus du lavabo et se regarde fixement.

Il y avait bien longtemps qu'il était resté ainsi des heures sans boire d'alcool et sans s'enfourner de la nourriture dans la bouche. Pour retrouver une impression de faim, il fallait qu'il remonte très loin dans sa jeunesse. À l'époque où il s'était engagé dans la guérilla, tournant en rond avec d'autres jeunes lascars dans des forêts épuisantes. Escaladant des montagnes en marche forcée pour les redescendre un peu plus tard.

Il se regarde, essaie de se reconnaître. Il ne voit qu'un étranger devant lui. Il avale d'un trait un grand verre d'eau pour calmer sa faim. Pris d'une idée subite, d'un désir, il ferme les volets, ferme la fenêtre, tire les hauts rideaux poussiéreux, il allume la lumière au-dessus du miroir. La chambre est silencieuse, ouatée. Il tend l'oreille et reconnaît des sons provenant de l'hôtel. Il se penche, met sa tête dans le lavabo et commence avec difficulté à se laver les cheveux qui forment un casque hirsute autour de son visage. Il a une telle épaisseur de cheveux que le shampoing a du mal à s'insinuer jusqu'au crâne. Il se fait trois lavages, trois rinçages, une douleur lui vrille le bas du dos. Ensuite il s'attaque à ses énormes moustaches en croc qui lui recouvrent les lèvres, il les taille aux ciseaux. Un rasoir encrassé sur l'étagère, Martina a dû s'en servir pour se raser les jambes. Il cherche des lames neuves, n'en trouve pas. De la crème, se rase, la lame lui fait mal, une fois, puis deux, puis trois passages. Son visage blessé, en sang, est en feu. Enfin, il se lave entièrement, minutieusement, se frotte, se récure, éclaboussant le parterre. Il en profite pour laver le slip qu'il porte. Il fait tout cela à la fois, rapidement, longuement, sans réfléchir, sans volonté. Il sent quelque chose monter en lui, un brouhaha, une cohue, un chuchotis. Il n'a plus faim, mais se sent fatigué, il s'endort.

Le téléphone le réveille en sueur, angoissé.

— Allô? C'est moi… Allô?

Il répond : «Ouais» à Martina.

— Ça va?

— Ouais-ouais, éraille-t-il une nouvelle fois.

— Je suis à la plage, tu me rejoins?

Il se lève.

— Attends une seconde.

Il se précipite. Ouvrir les rideaux, la fenêtre, les volets. La chaleur du dehors s'engouffre dans la chambre pour se mélanger à l'odeur moite et puante.

Il reprend le combiné.

— Allô? Je viendrai, peut-être, plus tard, j'ai un truc à faire.

Martina ne semble pas surprise, ils raccrochent.

Lucas boit un verre d'eau, se passe un gant mouillé sur le corps.

Dehors le soleil tape, les michetonneuses sont retournées à leurs boulots, à leurs machines à laver. Aux terrasses des restaurants, certains finissent leur café en commençant une sieste. La rue blanche de soleil se vide. Le temps semble vouloir s'arrêter, coincé un moment, tirant en avant pour avancer, comme un homme pris dans le désert. Quelque chose explose dans le ventre de Luc, une boule d'angoisse et de peur. Il s'assoit et pleure doucement, perdu, ne sachant que faire, ni qui il est, ne voulant pas savoir.

DOUZIÈME TEMPS

Plié en deux au-dessus du bidet, au bord de la nausée, il gémit, s'assoit sur le carrelage. De cette position, il peut voir les fenêtres du meublé en face. Il pose son bras gauche sur le bidet et la tête de côté sur son bras, il ferme les yeux. Il fait chaud. Encore. Il reste ainsi une heure sans bouger. Se lève, à l'idée de s'habiller, de sortir, mais quelque chose le pousse à rester dans cette chambre. Jamais, depuis bien longtemps, il n'a été aussi à jeun. Cela lui donne une drôle d'impression de malaise, de mal-être. Comme si des choses au fond de lui voulaient remonter à la surface. Il regarde ses mains trembler. Quand il a bu, jamais ses mains ne tremblent. Il se lève, marche jusqu'à la porte et revient sur ses pas jusqu'à la fenêtre, se retourne, et se dirige de nouveau vers la porte et revient sur ses pas jusqu'à la fenêtre, se retourne, la porte, quelques pas dans un sens, quelques pas dans l'autre sens. Au début il titube, se cogne aux meubles. Puis son va-et-vient se fait plus rapide, plus précis. Le réveil marque trois heures. Marcher ainsi de long en long lui fait du bien. Il ne pense à rien comme d'habitude, mais, d'elles-mêmes, des images puis des impressions lui reviennent à la mémoire, de quand il était môme. Il se souvient d'un grenier tout en haut, à l'écart. Dans le grenier sombre juste éclairé par le vasistas, il y avait une grande table en bois clair recouverte de poussière. Il passait des heures à tourner autour de cette table, à se raconter des histoires. Son héros c'était Roy Rogers. Il mimait et bruitait les cavalcades et les coups de feu.

Dans sa chambre d'hôtel, Lucas sourit de compassion pour le p'tit Luc solitaire. Il se souvient aussi de sa première bagarre au couteau pour une fille aux cheveux courts, brune, au blouson et à la jupe de cuir. Assise sur un banc, elle faisait tapisserie aux autos tamponneuses. Autour d'elle toute une bande de blousons noirs. Au souvenir de la fille, Lucas se mit à bander. Il avait acheté des jetons et invité la brunette qui jouait les vamps mystérieuses. La bande l'avait mal pris et il s'était retrouvé derrière les roulottes des forains, le couteau à cran d'arrêt à la main, face à un mec de dix-huit ans qui jouait les Johnny Hallyday. Lui en avait quinze ou seize. Il avait tendu le bras et le couteau était entré dans le ventre du blouson noir, de quelques millimètres. Cela avait suffi à arrêter la bagarre. La fille s'était penchée sur son mec blessé et les autres avaient regardé Lucas d'une drôle de manière, un bloc, à la fois méprisant et apeuré. Tiens, la brunette ressemblait un peu à Martina. Il l'avait revue plus tard, croisée dans la rue, elle était accompagnée d'un homme et de trois lardons, elle poussait un landau d'où dépassaient des couches et des biberons, elle portait toujours un blouson noir et son mari aussi.

Lucas sent comme une lourdeur dans les jambes, une fatigue. Il regarde de nouveau le réveil qui marque dix-sept heures, il est sur-pris cela fait deux heures qu'il marche de long en long. Il s'effondre sur le lit et repense à la fille. Il s'imagine marié avec elle. Mais que pouvait-on faire lorsqu'on avait trois mômes, une femme attitrée, un boulot et un F3 en banlieue? Il décroche le téléphone com-mande une bouteille de JB et des glaçons. Il cache son sexe en dra-pant ses hanches d'une serviette, attend dans le coin de la fenêtre. Martina n'est pas rentrée. On frappe. Il va ouvrir. À sa surprise, un jeune type à l'allure sportive, les cheveux courts, sympathique, lui apporte son JB. Il prend le plateau, le jeune type regarde par-dessus son épaule en souriant. Lucas referme la porte, tire le loquet, tourne la clef, se sert un verre d'alcool bien glacé qui lui explose dans le ventre à la première gorgée. Du tiroir de la table de nuit il sort son 11 et le jette sur le lit. L'angoisse le reprend. Où est Martina? Il se ressert et boit. Il veut recommencer ses allers et retours mais sa marche a perdu de sa précision et ses souvenirs se sont enfouis. Attablé il boit la bouteille. Regarde dans la rue de nouveau occupée par les putes. Il titube légèrement, regarde dans le miroir sans se voir, plonge dans le lit et s'endort.

Un passage d'air frais sur son corps le réveille. Il est en sueur et a mal à la tronche. Il se lève. S'encadre dans la fenêtre. La femme là-haut dans son meublé le voit. Il fait nuit. Martina n'est pas rentrée. À tout hasard, il la cherche en bas. Son regard s'arrête sur une camionnette blanche, un homme monte à l'intérieur mais la camionnette ne bouge pas.

Il se recouche. Se branle. Se rendort. Se réveille de nouveau, boit un verre d'eau en regardant la rue moins animée, avec la camionnette blanche toujours là. Il se recouche et se rendort jusqu'au petit matin où le réveil sonne. Il va à la fenêtre, prend les jumelles qu'il braque sur le bateau. Martina n'est toujours pas réapparue.

À sept heures, il voit l'homme aux cheveux blancs monter sur le bateau. Il reconnaît Jean Malzappi, le survivant, le dernier des frères Malzappi, dit Jeannot le Ouf ou le Gros-Enculé, une terreur. Malzappi est un nom ronflant, le nom d'un clan du milieu parisien. Jeannot l'Enculé, le dernier à porter des couilles dans sa famille, se cache à Marseille chez des amis. Caché comme un rat par la peur de mourir. De temps en temps, Jeannot s'offre un petit tour en bateau avec une demi-douzaine de porte-flingues. Le bateau quitte le quai. Lucas s'habille, met des gants et, minutieusement, essuie tous les meubles et objets qu'il a touché. D'un sac de sport, il sort un fusil démonté qu'il remonte avec des gestes précis, il fixe une lunette de précision. Il graille un chargeur de munitions de sept millimètres, approvisionne, arme, s'assoit, attend.

— Ho! Fanfan, tu viens boire le pastaga!

Le bateau revient.

La chambre est remplie de soleil.

Lucas se trouve dans un coin à l'ombre.

Le bateau accoste, la rue est bruyante.

Malzappi s'apprête à sauter sur le quai.

Lucas passe la sangle du fusil autour de son bras gauche, épaule. D'en bas, montent des odeurs de graillon.

Un porte-flingue saute le premier et tend la main au Ouf qui hésite, le bateau bouge encore.

En bas, la tapineuse portugaise retrouve sa place de tapin.

Malzappi se décide.

Lucas lâche son coup.

Le bruit de la détonation longe les couloirs de l'hôtel, en bas la Portugaise a levé les yeux.

Lucas reprend la visée et touche Malzappi une seconde fois à la poitrine.

Dans la rue les gens s'arrêtent une seconde, soucieux, et reprennent leur marche.

Lucas jette le fusil sur le lit, sort de la chambre, dévale l'escalier, se retrouve dans la rue en plein soleil.

Il protège ses yeux avec des lunettes et il la voit, Martina, de l'autre côté de la rue derrière une voiture, il remarque aussi un balayeur.

«À midi!» se dit-il.

Un couple à côté de Martina, penché sur un landau.

À sa droite, à la terrasse du bar, deux hommes sont attablés dont le jeune qui lui avait apporté le JB.

À sa gauche, le type de la camionnette marche vers lui.

– Coucou, mon chéri! crie Martina en levant la main.

C'est bien la première fois qu'elle l'appelle mon chéri.

Le Grand Lucas dégaine son colt.

– Luc, fais pas le con! crie le jeune attablé en sortant son arme de service.

Le couple est le plus rapide, ses armes à portée de main dans le landau.

Luc, dit le Grand Lucas, est mort avant d'avoir touché le bitume.

On s'attroupe autour de son corps.

Au coin de la rue, la femme du meublé pleure pour le voyou, une voiture s'arrête devant elle.

SORTIE

La mer était là, à droite, il l'entendait frapper contre les rochers. Il la sentait aussi, une forte odeur, si forte. Il huma, immobile. Tourna la tête pour la voir, mais il faisait trop nuit. Le chemin sur lequel il se trouvait était lui aussi plongé dans l'obscurité. Au loin un réverbère, haut perché. Par intermittence des gouttes d'eau scintillaient dans la lumière jaunâtre, c'est ainsi qu'il s'aperçut qu'il pleuvait. Il leva la tête vers le ciel, mais à droite, à gauche, devant et derrière lui, c'était le noir le plus complet. Il pleuvait assez fort. Son visage fut vite humide, cela ne lui procura aucune fraîcheur. Il regarda de nouveau, au loin, le réverbère. Ses deux pieds semblaient comme cloués au sol. Il avait enfoncé ses deux mains dans les poches de son long manteau gris sombre, fait dans un tissu ancien épais et lourd qui buvait toute l'eau. Quand il avait choisi ce manteau, la bonne femme du service social lui avait dit:

– Mon Dieu, mon pauvre monsieur, ce manteau est là depuis des années et des années, regardez il est couvert de poussière. Prenez plutôt ce blouson, il fait jeune.

Mais il avait insisté. Il n'avait jamais voulu être jeune et ce n'était sûrement pas maintenant qu'il allait commencer.

Il faisait exprès de ne pas bouger. Non pas qu'il ait eu peur de bouger. Il n'était pas comme tous ces caves qui commençaient à raconter un peu partout leur stress, leurs angoisses. Une bande de gonzesses et de lâches qu'il avait dû supporter et supporter. Putain que non qu'il n'était pas angoissé. C'était sûrement pour ça qu'il avait la fièvre, à force de retenir sa joie. Il la sentait monter en lui comme la mer frappait le muret qui protégeait le chemin de ses assauts. Une joie féroce qu'il stoppait, retenait et renvoyait au fond de son ventre. Il savait faire cela, il avait appris, pas pour la joie mais pour le malheur, pour la peine et pour la douleur. Ne rien montrer, ne rien dire, cela avait été son leitmotiv. En échange était montée du plus profond de lui une force féroce, dévastatrice.

Ce n'est pas qu'il ne voulait pas avancer, il voulait jouir de son premier pas. Il en avait rêvé de ce premier pas. Bon Dieu, quelques fois il avait douté, il avait cru que ça n'arriverait jamais. Et il y était. Il essayait de se souvenir. Mais il fut surpris de s'apercevoir que déjà les choses s'estompaient.

Il fallait avancer. Maintenant, d'un seul coup, il avait peur de perdre la jouissance. Combien de pas s'était-il dit? Déjà il ne s'en souvenait plus, il dut faire un effort. Six pas. Il devait, il avait rêvé, il s'était imaginé le jour, l'instant où il ferait six pas, plus de six pas. Avec quel pied allait-il commencer? Le gauche. Il baissa les yeux pour voir ses pieds. Il resta ainsi le menton contre la poitrine. Concentré. Il voulait se voir faire les premiers pas. Il commanda à son pied gauche de se lever, mais celui-ci n'exécuta pas son ordre. Il semblait enfoncé dans le sol, il devait faire un effort pour bouger. Son premier pas fut si pénible qu'il faillit tituber. Surtout pas! Ne surtout pas faire un pas de côté. Pour se rattraper le deuxième pas arriva dans la foulée, il ne vit pas arriver le troisième et le quatrième. Les choses allaient trop vite, reprenaient de la vitesse.

Il regarda devant lui, de nouveau le réverbère. Cinquième, sixième pas, le coup était joué, septième pas. Il tituba, dut s'appuyer et s'asseoir sur le muret, la mer dans son dos. La chaleur avait explosé en lui, il était en nage, il tremblait, il se mit à pleurer. D'abord doucement, il voulait stopper cela mais les forces lui manquaient. Il gémit, il essaya de se souvenir comment il pleurait quand il était môme. Il se leva d'un coup, marcha d'un bon pas vers le réverbère, se mit à siffler.

Plus loin il y avait un petit village de pêcheurs reconvertis dans le tourisme.

«Des touristes ici!» pensa-t-il.

Le village était mal éclairé, rues sans trottoir, maisons basses. Il tomba sur une lumière vive qui éclairait la rue, le terminus du car. C'était ouvert, chauffé mais vide, personne derrière les guichets.

Il s'assit sur une banquette en bois, les mains toujours dans les poches, les genoux largement écartés. Il était trempé de la tête aux pieds, du bonnet de laine noire aux énormes godasses style chaussures de marche de l'armée. Il s'aperçut qu'il avait froid aux pieds. Il cala ses cent kilos bien droit et ferma les yeux.

Un car arriva quelques minutes plus tard. Il était vide. Le chauffeur à moitié endormi ne lui proposa même pas de lui vendre un ticket. Il alla s'asseoir au fond, regarda par la fenêtre. Dehors, au-dessus de l'abribus, il y avait marqué en lettres dégoulinantes de pluie «Terminus Saint-Martin de Ré».

***

Yves Quéfélec dit le Breton, dit l'Instit, était à l'extrême bout du quai sur le port de plaisance de La Rochelle. Il regardait vers la mer, essayait de percer la nuit. Il lui semblait voir des lumières là-bas sur l'île.

L'île de Ré, pensa-t-il, le bagne, les bagnards.

Ce temps-là était révolu mais des hommes restaient enfermés là-bas, sur l'île.

Au bout du cul du diable. Au bout du monde.

À plusieurs reprises, il avait rendu visite au Gros. Descendre de Paris jusqu'à La Rochelle. Prendre le bac, traverser l'île, pour arriver tout au bout, à la citadelle.

«Le Gros doit sortir en ce moment.» C'était prévu pour six heures. Roger Badelard dit Le Gros, dit le Siffleur, sortait enfin après dix années de cabane. «Mon Dieu, comment a-t-il fait?»

Lui, le Breton, avait passé quelques mois en geôle pour des histoires politiques et il en était ressorti la peur au ventre, se jurant bien de ne plus jamais y remettre les pieds.

«Dix ans!» Il essayait de s'imaginer.

C'était là-bas qu'il avait connu le Gros, des années en arrière. Ils n'avaient rien en commun et, pourtant, ils avaient sympathisé tout de suite. Au début, Yves avait trouvé le personnage assez rustre et grossier, mais il était content de tourner en promenade avec cette armoire à glace, respectée par tous les truands qui tournaient avec eux. Ils s'étaient quittés comme ça, Yves se promettant de ne plus jamais retourner en prison et d'oublier le plus rapidement celle-ci et les personnages qui l'habitaient, confondant matons et taulards. Hypocrite, il avait pris les coordonnées du Gros avant de sortir un peu avant Noël. Justement un soir de Noël, qu'il fêtait en famille, un peu saoul, il avait trouvé une carte de vœux et l'avait envoyée au Gros. De qui, quelques jours plus tard, il avait reçu une longue lettre, chaleureuse, pleine d'amitié. Dans cette lettre, le Gros s'inquiétait pour lui, lui conseillait de faire attention. Et c'est ainsi qu'Yves avait appris que le truand savait à peine lire et écrire.

Alors s'était engagée une longue relation épistolaire et Yves avait appris à écrire et à lire à son ami. Puis il lui avait envoyé des livres, des romans d'abord, mais très vite le Gros s'était intéressé à la philosophie avec joie, bonheur.

– Merde, si j'avais su ça avant… lui répétait-il lors des parloirs.

Roger Badelard dit le Gros, dit le Siffleur, son ami, son poteau, comme il disait.

Il pleuvait, derrière lui les premiers bistrots ouvraient. Ils s'étaient donné rendez-vous dans l'un d'eux.

Il s'assit à une table pour attendre et se mit à penser à sa femme. Dès le début, elle n'avait pas voulu entendre parler de la relation de son mari avec le truand.

— En tout cas, tu fais ce que tu veux mais tu ne ramènes pas ce voyou à la maison!

Elle n'avait même pas voulu qu'il prenne leur voiture pour venir chercher le sortant de prison.

— Et alors, l'Instit, tu rêves?

Le Gros était devant lui, encore plus énorme que quand ils s'étaient connus en cabane, plus énorme que lorsqu'ils se voyaient aux parloirs, séparés par les hygiaphones. Ils s'embrassèrent, se tapèrent dans le dos, les clients du bistrot surpris d'une telle manifestation d'affection de si bon matin. Le Gros voulu boire son premier café ici. Yves n'en revenait pas. Son ami était comme si de rien. Personne n'aurait pu penser que cet homme venait tout juste de finir une punition de dix piges. Yves lui demanda si ça allait.

— Putain amigo, si ça va… ça ne pourra jamais aller aussi bien!

Ils prirent le train pour Paris un peu plus tard. Le jour s'était levé mais il pleuvait toujours.

TABLE DES MATIÈRES

AUX ÉDITIONS ANTIPODES

CATALOGUE COMPLET SUR WWW.ANTIPODES.CH

TRAIT NOIR
Jean Chauma, *Bras cassés*, 2005.

A CONTRARIO
Jean Chauma, *Chocolat chaud*, 2009.

Jean Chauma, *Poèmes et récits
de plaine*, 2008.

Muriel Jolivet, *Tokyo memories.
Journal 1995-2005*, 2007.

Eric de Montmollin, *La porte
du paradis*, 2004.

Martine Ruchat, *Le «Roman
de Solon». Enfant placé – Voleur
de métier.1840-1896*, 2008.

Vol. 1, N° 1, *Le polar marseillais,
l'exil afghan, le système
de consultation suisse, etc.*, 2003.

Vol. 1, N° 2, *La divine drogue,
le Forum de Davos, la figuration
de l'élection, etc.* 2003.

Vol. 2, N° 1, *Les ingénieurs
de la démocratie, la valeur littéraire
du suspens, etc.*, 2004.

Vol. 2, N° 2, *Numéro spécial:
«La régulation globale du
capitalisme»*, 2004.

Vol. 3, N° 1, *Étendre la notion
d'inceste, sociologie du deuil, etc.*,
2005.

Vol. 3, N° 2, *Numéro spécial:
«Frontières au Moyen-Orient»*,
2005.

Vol. 4, N° 1, *C. F. Ramuz,
la civilisation des mœurs orientales,
la prédation économique, etc.*, 2006.

Vol. 4, N° 2, *Numéro spécial:
«Littérature et sciences sociales»*,
2006.

Vol. 5, N° 1, *Le Tibet révolté,
littérature et politique, l'identité
marocaine en Israël, etc.*, 2007.

Vol. 5, N° 2, *Numéro spécial:
«La Palestine et les conflits
du Moyen-Orient»*, 2007.

LITTERATURE
Marius Daniel Popescu, *Arrêts
déplacés*, 2004.

Charles E. Racine, *Jean d'Enhaut, Mémoires d'un ouvrier graveur, membre de la Fédération jurassienne*, 1998.

LITTERATURE, CULTURE, SOCIETE
Jean-Daniel Gollut, *Le sens du style*, 2009.

Jean Kaempfer, Sonya Florey et Jérôme Meizoz, *Formes de l'engagement littéraire (XVᵉ-XXIᵉ siècles)*, 2006.

CONTRE-PIED
Charles E. Racine, *L'Imposture ou La fausse monnaie, Un essai de critique littéraire: les romans de Jacques Chessex*, 1997.

Jérôme Meizoz, *Confrontations (1994-2004)*, 2005.

EXISTENCES ET SOCIETE
Agnese Fidecaro, Stéphanie Lachat (éds), *Profession: créatrice. La place des femmes dans le champ artistique*, 2007.

Thomas Busset, Christophe Jaccoud, Jean-Philippe Dubey et Dominique Malatesta (éds), *Le football à l'épreuve de la violence et de l'extrémisme*, 2008.

Laurence Marti, Françoise Messant et Marianne Modak, *Vies de mécaniciens*, 2005.

Jérôme Meizoz, *Le Gueux philosophe (Jean-Jacques Rousseau)*, 2003.

Magdalena Rosende et Natalie Benelli (dir.), *Laboratoires du travail*, 2008.

Jean-Pierre Tabin, Arnaud Frauenfelder, Carola Togni, Véréna Keller, *Temps d'assistance. Le gouvernement des pauvres en Suisse romande depuis la fin du XIXᵉ siècle*, 2008.

REGARDS ANTHROPOLOGIQUES
Marc-Antoine Berthod, *Doutes, croyances et divination. Une anthropologie de l'inspiration des devins et de la voyance*, 2007.

Séverine Rey, *Des saints nés des rêves. Fabrication de la sainteté et commémoration des néomartyrs à Lesvos (Grèce)*, 2008.

MEDIAS ET HISTOIRE
Mireille Berton et Anne-Katrin Weber (dir.), *La télévision du téléphonoscope à Youtube. Pour une archéologie de l'audiovision*, 2009.

Laurent Guido (dir.), *Les peurs de Hollywood*, 2006.

Philippe Kaenel et François Vallotton, *Les images en guerre (1914-1945). De la Suisse à l'Europe*, 2008.

GRHIC
Franziska Metzger et François Vallotton, *L'historien, l'historienne dans la cité*, 2009.

HISTOIRE
Marco Cicchini et Michel Porret (dir.), *Les sphères du pénal avec Michel Foucault*, 2007.

Impression
La Vallée – Aoste
Mars 2009